Medziugorje
prosty & wszechstronny
przewodnik pielgrzyma

Orsolya Eden

**Tłumaczenie na język polski:
Katarzyna Gorwa**

© Orsolya Eden 2019, wszelkie prawa zastrzeżone

Stopka redakcyjna:

Orsolya Eden *
c / o AutorServices.de
Birkenallee 24
36037 Fulda
Niemcy

* NIE wysyłaj PACZEK na ten adres.
Jeśli chcesz, aby paczka została do mnie przesłana, wyślij e-maila z zapytaniem na adres podany poniżej. Dziękuje za wyrozumiałość.

E-mail: Orsolyaeden1@use.startmail.com

Projekt okładki, ilustracje i zdjęcia: Orsolya Eden
Uwaga: Orsolya Eden to pseudonim artystyczny
ISBN Wydanie kieszonkowe: 978-3-9821154-7-4
Tłumaczenie na język polski: Katarzyna Gorwa

Dzieło w całości i we wszystkich częściach jest chronione prawem autorskim. Jakiekolwiek korzystanie z niego bez zgody autora jest niedopuszczalne. Dotyczy to, zwłaszcza elektronicznej formy zwielokrotniania, tłumaczenia, rozpowszechniania i publicznego udostępniania.

Chwała Ojcu i Synowi i Duchowi Świętemu jak było na początku teraz i zawsze i na wieki wieków Amen.

Spis treści   Strony

WSTĘP	9
CO TO JEST MEDZIUGORJE	10 - 12
KLUCZOWE PRZESŁANIA	12 - 13

(pochodzą z różnych doniesień)

- **Wezwanie do spowiedzi**
- **Wezwanie do modlitwy**
- **Wezwanie do postu**
- **Uczęszczanie na Mszę Święte**
- **Czytanie Biblii**

GŁÓWNE ORĘDZIA	13 - 24
DZIESIĘĆ TAJEMNIC	24 - 26
STACJE PIELGRZYMKOWE W MEDZIUGORJE	27 - 51

1.	Wzgórze Objawienia	27 - 32
	(Podbrdo) i Niebieski Krzyż (Blue Cross)	
2.	Kościół Świętego Jakuba	33 - 35
3.	Križevac - Góra Krzyża	35 - 38
4.	Via Domini	39 - 40
5.	Posąg Zmartwychwstałego Jezusa	40 - 42
6.	Dom nienarodzonego życia	42 - 43
7.	Cmentarz Kovačica	43 - 44
8.	Kaplica adoracyjna	44
9.	Park Świec	44 - 45
10.	Obiekty socjalne	45 - 47
11.	Ogród Świętego Franciszka	48 - 49
12.	Wspólnoty	50 - 51

WIZJONERZY 52 - 56

1.	Ivanka Ivanković – Elez	52
2.	Vicka Ivanović - Mijatović	52
3.	Mirjana Dragicević - Soldo	53
4.	Ivan Dragicević	53 - 54
5.	Ivan Ivanković	54
6.	Milka Pavlovi	54
7.	Marija Pavlović - Lunetti	54
8.	Jakov Čolo	55
9.	Jelena Vasilj - Valente	56
10.	Marijana Vasilj - Juricić	56

OPINIE KOŚCIOŁA 56 - 57

4

JAK DOJADĘ DO MEDZIUGORJA?	57 - 58
MOŻLIWY KONTAKT Z WIZJONERAMI	58 - 61
ZWIĄZANE Z TEMATEM YOU TUBE VIDEO	61 - 63
TEMATYCZNE DVD	63
KSIĄŻKI O MEDZIUGORJE	64 - 66
MUZYKA O MEDZIUGORJE	66
MODLITWY	67 - 76

1.	Zdrowaś Maryjo (łac. Ave Maria)	67
2.	Ojcze Nasz	67
3.	Chwała Ojcu (Chwała Trójjedynemu Bogu)	67
4.	Skład Apostolski (Wierzę w Boga)	68
5.	Różaniec	68 - 72
6.	O Mój Jezu (Modlitwa Fatimy)	73
7.	Modlitwa fatimska - przekazana od Anioła Pokoju	73
8.	Koronka do Medziugorje	73 - 74

9.	Koronka do Miłosierdzia Bożego	74 - 75
10.	Modlitwa do Trójcy Świętej i Maryi	75 - 76

PROGRAM MODLITW   77 - 78

CELE WYCIECZEK   78 - 93

1.	Šurmanci - Jezus Miłosierny	78 - 80
2.	Matka Boża z Tihaljina	81 - 82
3.	Wodospady Koćuša	82 - 83
4.	Humac - muzeum i klasztor Św. Antoniego	83 - 85
5.	Mostar	85 - 86
6.	Blagaj Tekke (klasztor Derwiszów)	86 - 87
7.	Wodospady Kravica	87 - 88
8.	Pocitelj	88 - 89
9.	Rezerwat Przyrody Hutovo Blato	89 - 91
10.	Prehistoryczne nagrobki i wieś Paoča	92
11.	Jaskinia Vjetrenica	92
12.	Bunkier Titos w Konij	93
13.	River-Rafting na rzece Neretwa	93

WARTO WIEDZIEĆ   94 - 116

1.	Biuro parafialne kościoła Św. Jakuba	94

2.	Centrum informacji „MIR"	94
3.	Informacja turystyczna	94
4.	Radiowe tłumaczenie Mszy Świętych	94 - 95
5.	Radio „MIR" Medziugorje	95
6.	Sklepy z książkami „MIR"	95
7.	Księgarnia „Les Editions Sakramento"	95 - 96
8.	Księgarnia niemiecko - chrześcijańska „Tiberias	96 - 97
9.	Międzynarodowy sklep z książkami, pamiątkami „Devotions"	97
10.	Pomoc medyczna	97 - 98
11.	Apteki (Ljekarna)	98 - 99
12.	Stacje autobusowe	99 - 100
13.	Taxi	100 - 101
14.	Wycieczki zorganizowane	102
15.	Zakupy (shopping)	102 - 103
16.	Poczta	103 - 104
17.	Miejsce parkingowe	105
18.	Cud słońca	105
19.	Restauracje	106
20.	Posty	106 - 107
21.	Spowiedź w języku ojczystym	107
22.	Darowizny	108
23.	Zameldowanie grupy pielgrzymów	108
24.	Hotele	108 - 113
25.	Społeczność	113
26.	Położenie	114 - 115

27. **Plan miejscowości** 116

WSTĘP

Dla wszystkich, którzy chcą przyjąć do siebie Boga

To było to, ten dyskomfort, to uczucie, że zmienia się kolor twojej twarzy, to uczucie na krótko przed przybyciem. Krótko i zwięźle byłam zdenerwowana. Ale czy mogłam sobie pozwolić na takie uczucie w punkcie informacyjnym tak świętego miejsca jak Medziugorje? Prawdopodobnie nie, więc przełknęłam swoją frustrację, kiedy uprzejmie wręczono mi mapę miasta, z którą nie wiele mogłam zrobić. Taki był początek mojego pobytu w Medziugorje. Niestety podczas mojej 5 dniowej pielgrzymki to uczucie pojawiało się częściej.

Pokonałam wiele przeszkód, aby w tym miejscu dotrzeć do miejsc, gdzie od 1981 objawiała się Matka Boża Maryja. Chciałam się odnaleźć bez przewodnika. Oczywiście wcześniej zdobyłam jak najlepsze informacje. Ale oprócz oficjalnej strony internetowej, jednego przewodnika turystycznego irlandzkiej grupy (Second-Hand) oraz paru filmików z You Tube, nie mogłam więcej znaleźć. Nad wyraz trudne okazało się znalezienie na miejscu godnych zobaczenia miejsc, pomiędzy wszystkimi sklepami pamiątkowymi.

Dlatego droga czytelniczko, drogi czytelniku, aby zaoszczędzić Ci poszukiwań, piszę ten mały przewodnik pielgrzyma.
Chciałabym również zaznaczyć, że moim celem było tylko kompleksowo poinformować każdego zainteresowanego. Jestem za przyjęciem każdej krytyki.

CO TO JEST MEDZIUGORJE?

Medziugorje było na początku XX wieku wsią rolną z około 2500 mieszkańcami. [1] Dzisiaj Medziugorje jest miejscem pielgrzymkowym, które rocznie wybiera około 2,5 milionów pielgrzymów z całego świata. [2] Populacja tymczasem zwiększyła się do około 4000 mieszkańców. [3]

Wszystko zaczęło się 24 czerwca 1981. W ten dzień Matka Boska objawiła się 6 dzieciom w małej wsi „Bijakovići" przy Medziugorje. To objawienie ma miejsce na jednym ze wzgórz. To wzgórze zostało nazwane Podbrdo (Wzgórze Objawienia). Dzieci doniosły, że Matka Boża Maryja objawiła im się o godzinie 18:00. Wtedy Medziugorje, należało jeszcze do komunistycznej Jugosławii.

Imiona dzieci z dnia 24 czerwca 1981 to: Ivanka Ivanković, Vicka Ivanković, Mirjana Dragicević, Ivan Dragićević, Ivan Ivanković i Milka Pavlović. Przy następnym objawieniu z dnia 25 czerwca 1981, Ivan Ivanković i Milka Pavlović byli nieobecni. Młoda kobieta Maria, została przez dwójkę pozostałych dzieci nazwana Gospa. Te dzieci to Marija Pavlović i Jakov Čolo. Jakov Čolo miał wtedy dziesięć lat. [4] Od tego czasu Matka Boża objawia się tym dzieciom do dziś.

---

[1]Franjo Susac (tekst i zdjęcia), Conect Mostar (i Design), *Medjugorje, MONOGRAFIA PER I PELLEGRINI*, Grafotisak, Grude 2014, strona 6.
[2] ERZDIÖZESE WIEN, Franziskus skeptisch zu neuen Medjugorje-Erscheinungen, in Katholische Kirche Erzdiözese Wiedeń, 15 maja 2017, pod: https://www.erzdioezese-wien.at/site/nachrichtenmagazin/schwerpunkt/papstfranziskus/article/57124.html (dostępne w dniu 23 kwietnia 2019).
[3] Franjo Susac (tekst i zdjęcia), Conect Mostar (i Design), *Medjugorje, MONOGRAFIA PER I PELLEGRINI*, Grafotisak, Grude 2014, strona 6.
[4] Ljubica Benović, *Medjugorje A Little Encyclopaedia*, Euterpa Drinovci and Pogledača, Zagreb, Drinovci 2010, strona 26.

Zasługującą na uwagę jest okolica Medziugorje, która była już zaludniona 1300 lat przed Chrystusem. Gmina Medziugorje została założona w 1892 i dedykowana Św. Jakubowi opiekunowi pielgrzymów. Dziś miejscem pielgrzymek opiekują się franciszkanie. [5]

Podczas wojny w Bośni, Medziugorje było podporządkowane chorwackiej obronie. W 1995 miasto stało się poprzez układ Dayton, częścią federacji Bośni i Hercegowiny. Samo Medziugorje położone jest w Hercegowinie - Neretva Kanton, jednym z 10 autonomicznych regionów, aby zapobiec dominacji grupy etnicznej w nowej federacji.

Typowe dla objawień Matki Boskiej jest to że, wizjoner nie jest brany na poważnie przez jego otoczenie. Tak samo było w Medziugorje. Dzieci zostały natychmiast odizolowane przez jugosławską policję i poddane badaniom psychiatrycznym. Nie zostały jednak rozpoznane jakiekolwiek nieprawidłowości. [6] Wówczas odpowiedzialny ksiądz parafii Ojciec Jozo Zovko, nie wierzył początkowo w autentyczność objawień Matki Bożej. Jednak kiedy podczas modlitwy różańcowej objawia mu się Matka Boża, staje się on nieugiętym orędownikiem objawienia. [7]

Tak się złożyło, że jego przepowiednia o 40-letniej migracji Izraelitów przez pustynię została wzięta za odniesienie do 40-stej rocznicy rewolucji i doprowadziła do jego aresztowania. [8]

---

[5] Udruga Međugorje - MIR, Split, HR *„Ein kurzer historischer Überblick"* w medjugorje.hr 2019, pod: http://www.medjugorje.hr/de/pfarrei/geschichte/ (dostępne w dniu 11 kwiecień 2019).
[6] Angela Mahmoodzada u. Beatrix Zureich, *Medjugorje Kurzbericht,* 1 nakł., wydawca Miriam, 79798 Jestetten, 2010, strona 27.
[7] Angela Mahmoodzada u. Beatrix Zureich, *Medjugorje Kurzberichtt,* 1 nakł., wydawca Miriam , 79798 Jestetten, 2010, strona 18.
[8] Sabrina Čovič – Radojičić, *Begegnungen mit Pater Jozo*, Les Editions Sakramento, 75014 Paryż, Francja, 2014, Location 949.

Ojciec został najpierw skazany na trzy i pół roku więzienia. Jego prawnikowi udało się ostatecznie zredukować karę do półtorej roku. [9]

Wizjonerzy widzą oprócz Matki Bożej również Jezusa. Niektórzy z nich mogli zobaczyć piekło, czyściec oraz niebo. Przed objawieniem Gospy widzący zazwyczaj widzą trzykrotny błysk światła. [10] Chociaż „Medziugorje - Objawienia są porównywane z objawieniami Fatimy (Portugalia), Akita (Japonia) i Kibelho (Rwanda) żadne z nich nie trwało tak długo, jak to w Medziugorje. Zgodnie z przesłaniem wizjonerki Mariji, Matka Boska łączy bezpośrednio objawienie w Medziugorje z objawieniem fatimskim."...Wzywam was do wyrzeczeń przez dziewięć dni, aby przy waszej pomocy zrealizować to, co ja pragnę zrealizować poprzez tajemnice, które rozpoczęłam w Fatimie." (orędzie z 25 sierpnia 1991). [11]

KLUCZOWE PRZESŁANIA (pochodzą z różnych doniesień)

Człowiek może myśleć, że skoro odwiedził już święte miasta i wraca do domu, to spełnił swój pielgrzymski obowiązek. Ale moim zdaniem ma miejsce tak naprawdę w domu, mianowicie podczas realizacji przesłania.

Na podstawie zebranych informacji wyróżnia się 5 częściowe przesłania (zwane kamiennymi):

- **Wezwanie do spowiedzi**

---

[9] Sabrina Čovič – Radojičić, *Begegnungen mit Pater Jozo,* Les Editions Sakramento, 75014 Paryż, Francja, 2014, Location 1129.
[10] Angela Mahmoodzada u. Beatrix Zureich, *Medjugorje Kurzbericht*, 1 nakł., wydawca Miriam, 79798 Jestetten, 2010, strona 19.
[11] Medjugorje - Apologia.com, The Messages of Medjugorje: The Complete Text, 1981-2014, 2014, strona 120, (tłumaczenie z języka angielskiego: autorka).

- **Wezwanie do modlitwy**
  - szczególnie codzienny różaniec (patrz modlitwy)
- **Wezwanie do postu**
  - każda środa i każdy piątek
  - o wodzie i chlebie
- **Uczęszczanie na Mszę Świętą**
- **Czytanie Biblii**

GŁÓWNE ORĘDZIA [12] [13]

Orędzie z 28 października 1981: [14]

„Byłeś wczoraj na Krizavac na pół godziny?´ (sic!)` Tak, nie widzieliście mnie?´(sic!) (DV. 1,17; CP. 251). Setki ludzi widzi w miejscu pierwszego objawienia ogień, płomienie bez palenia się czegokolwiek. Wieczorem Maryja mówi do wizjonerów: `Ogień który zostanie zobaczony przez wierzących ma nadprzyrodzony charakter. To jest znak, przedskoczek wielkich znaków. (CP. 25)."

---

[12] Oryginalna kursywa została usunięta ze wszystkich orędzi.
[13] Poprawiono błędy pisowni, interpunkcji i wielkich liter. Aby jednak nie wpływać negatywnie na przepływ odczytu, korekty te nie zostały oznaczone (sic!).
[14] Medjugorje - Apologia.com, *The Messages of Medjugorje: The Complete Text*, 1981-2014, 2014, strona 39, (tłumaczenie z języka angielskiego: autorka).

Orędzie z 21 lipca 1982: [15]

„W czyśćcu jest wiele dusz. Są tam ludzie którzy święcili Boga, niektórzy kapłani, niektórzy wierzący. Odmówicie za nich około 7 Ojcze Nasz, Zdrowaś Maryjo, Chwała Ojcu, Wierzę w Boga. Polecam to Wam! Jest bardzo duża liczba dusz, które długo już są w czyśćcu, ponieważ nikt się za nie, nie modli."
Odpowiedź która dotyczy poszczenia: najlepiej pości się o wodzie i chlebie. Poprzez poszczenie i modlitwę mogą zakończyć się wojny i prawo natury będzie w dobrych rękach. Dobroczynność nie zastąpi poszczenia. Ci którzy nie mogą pościć, mogą poprzez modlitwę, dobroczynność i spowiedź to uczynić; ale każdy, oprócz chorych, musi pościć. (CP 69)".

Orędzie z 24 lipca 1982: [16]

„Odpowiedź na parę postawionych pytań: My docieramy do nieba z pełną świadomością, z taką samą świadomością jaką mamy teraz. W chwili śmierci dochodzi do świadomego oddzielenia ciała od duszy. Jest kłamstwem mówienie ludziom, że narodzą się ponownie tylko w innym ciele. Ciało, które powstało z prochu rozpada się po śmierci. Nigdy nie będzie żyło ponownie. Ludzie otrzymują przemienione ciało. Kto podczas swojego życia dużo grzeszył, może od razu trafić do nieba, jeśli wyzna swoje grzechy, żałuje ich i pod koniec swojego życia przyjmie Komunię Świętą. (CP 70)"

---

[15] Medjugorje - Apologia.com, *The Messages of Medjugorje: The Complete Text*, 1981-2014, 2014, strona 49, (tłumaczenie z języka angielskiego: autorka).
[16] Medjugorje - Apologia.com, *The Messages of Medjugorje: The Complete Text,* 1981-2014, 2014, strona 49, (tłumaczenie z języka angielskiego: autorka).

Orędzie z 25 lipca 1982: [17]

„Odpowiedź na pytanie dotyczące tych, którzy trafią do piekła. W dzisiejszych czasach bardzo dużo ludzi tam trafia. Bóg pozwala swoim dzieciom cierpieć w piekle, ponieważ popełniły ciężkie i niewybaczalne grzechy. Ci którzy trafią do piekła nie mają możliwości się z niego wydostać i polepszyć swojej sytuacji. (CP 71)

Odpowiedź na pytania, związane z tymi, których spotkało leczenie choroby. Ważne jest, aby za wyleczenie chorych odmówić następujące modlitwy: Wierzę w Boga, 7 Ojcze Nasz, Zdrowaś Mario i Wyznanie wiary, poszczenie o chlebie i wodzie. Jest dobrze położyć podczas modlitwy swoje dłonie na dłoniach chorego. Powinno się namaszczać chorych olejkiem świętym. Nie wszyscy kapłani są wstanie odprawić ten rytuał. O ten dar przywracania do życia, kapłan musi wytrwale się modlić i posiadać stałe wierzenie. (CP 71)"

Orędzie z 6 sierpnia 1982: [18]

„Odpowiedź na pytanie w związku ze spowiedzią: Człowiek musi wzywać ludzi do modlitwy raz w miesiącu, szczególnie w pierwszą sobotę miesiąca. Tutaj jeszcze o tym nie mówiłam. Często wzywałam ludzi, żeby poszli do spowiedzi. Dam Ci jednak kilka konkretnych orędzi dotyczących Twojego czasu. Macie cierpliwość, ten czas jeszcze nie nadszedł. Zróbcie to, co wam powiedziałam. Jest niezliczona liczba osób, które nie mogą sobie na to pozwolić. Co miesięczna spowiedź będzie środkiem leczniczym dla zachodniego kościoła. Człowiek musi przekazać to przesłanie na zachód. (CP 72)"

---

[17] Medjugorje - Apologia.com, *The Messages of Medjugorje: The Complete Text*, 1981-2014, 2014, strona 49, (tłumaczenie z języka angielskiego: autorka).
[18] Medjugorje - Apologia.com, *The Messages of Medjugorje: The Complete Text*, 1981-2014, 2014, strona 49, (tłumaczenie z języka angielskiego: autorka).

Orędzie z 8 stycznia 1984: [19]

„Moje dzieci, módlcie się! Powiem jeszcze raz, módlcie się! Powiem jeszcze raz. Nie wierzycie, że Jezus objawił się w żłobku; Przyjaciele, On narodził się ponownie w Waszych sercach. (DN 1,30)"

Orędzie z początku 1984: [20]

„…Jeśli jesteście w pomieszczeniu lub kościele gdzie ma miejsce objawienie, nie myślcie o robieniu zdjęć! Tylko korzystajcie z tego czasu aby modlić się do Jezusa, podczas objawienia wyjątkowe łaski będą nagrodzone. (T.58)."
(przetłumaczone w sposób oddający sens)

Orędzie z 19 kwietnia 1984: [21]

„Przesłanie dla społeczeństwa: Drogie dzieci, zjednoczcie się ze mną, módlcie się, módlcie się, módlcie się! Do Jeleny: chcę Ci dać pewną duchową poradę: Jeśli chcesz być silniejsza od zła, zrób sobie osobisty plan modlitwy. (sic!) Wyznacz sobie konkretny czas rano i czytaj tekst z Pisma Świętego, umocnij Słowo Boże w swoim sercu i spróbuj tego w ciągu dnia zwłaszcza w momentach pokusy. W ten sposób będziesz silniejsza od złego. (BL. 186). W ten sam dzień Święta Matka Boża podyktowała Jelenie następującą modlitwę: JAK PATRZEĆ NA MARYJĘ, (sic!) MATKO ŻYCZLIWOŚCI, MIŁOŚCI I MIŁOSIERDZIA. Oh Moja matko! Matko życzliwości, miłości i miłosierdzia! Miłuję Cię bez końca i ofiaruję Ci siebie. Przez Twoją dobroć, miłość i twoje miłosierdzie, uratuj mnie! Chcę być

---

[19] Medjugorje - Apologia.com, *The Messages of Medjugorje: The Complete Text*, 1981-2014, 2014, strona 65, (tłumaczenie z języka angielskiego: autorka).
[20] Medjugorje - Apologia.com, *The Messages of Medjugorje: The Complete Text*, 1981-2014, 2014,
strony 64-65, (tłumaczenie z języka angielskiego: autorka).
[21] Medjugorje - Apologia.com, *The Messages of Medjugorje: The Complete Text*, 1981-2014, 2014, strony 70-71, (tłumaczenie z języka angielskiego: autorka).

Twoja. Miłuję Cię bez końca i życzę sobie Twojej ochrony. W moim sercu, oh Matko dobra, daj mi swoje dobro, tak żebym trafiła do nieba. Proszę Cię o Twoją niezmierzoną miłość, o łaski które możesz mi dać, tak abym mogła każdego kochać tak, jak Ty kochasz Jezusa. Proszę Cię z pokorą, obyś była mi łaskawa 1. Modlę się i proszę o to, abyś mi towarzyszyła w każdym kroku, ponieważ jesteś pełna łaski. Nie chcę nigdy zapomnieć Twoich łask, a jeśli je stracę modlę się o to, aby je znowu odnaleźć. Amen. " …

1 Według ojca Slavko oznacza to: „znam Twoją chęć kochania (sic!), nawet jeśli odbiega ona od mojej".

Orędzie z 14 sierpnia 1984: [22]

„Chciałabym, by świat modlił się w tych dniach przy Mnie. I to jak najwięcej! By pościł surowo w środę i piątek, by odmówił każdego dnia chociażby różaniec: radosne, bolesne i chwalebne tajemnice. (C.150)."

Orędzie z października 1984: [23]

„Jeśli idziecie na Mszę Świętą powinniście przygotować się na nią w drodze z domu do kościoła. Powinniście również przyjąć Komunię Świętą z czystym i otwartym sercem; czystość serca i otwartość. Nie opuszczajcie kościoła bez odpowiedniego podziękowania. Ja mogę Wam pomóc, tylko wtedy jeśli będziecie otwarci na moje rady. Nie mogę Wam pomóc, jeśli nie będziecie otwarci. (T-59). Najważniejsze w życiu duchowym jest, otrzymanie daru Ducha Świętego. Jeśli Duch Święty przyjdzie, zawita Pokój. Jeśli to się stanie

---

[22] Medjugorje - Apologia.com, *The Messages of Medjugorje: The Complete Text*, 1981-2014, 2014, strona 76, (tłumaczenie z języka angielskiego: autorka).
[23] Medjugorje - Apologia.com, *The Messages of Medjugorje: The Complete Text*, 1981-2014, 2014, strona 78, (tłumaczenie z języka angielskiego: autorka).

wszystko wokół Was się zmieni. Rzeczy będą się zmieniać. (T 59)."

Orędzie z 1984 - 1985: [24]

„Odpowiedź na niepewność katolickiego księdza po uzdrowieniu prawosławnego dziecka: powiedz temu księdzu, powiedz wszystkim, że to Wy jesteście podzieleni na ziemi. Z tego samego powodu, dla którego katolicy, muzułmanie i prawosławni stoją przede mną i moim synem. Wszyscy jesteście moimi dziećmi. Z pewnością wszystkie religie nie są równe, ale wszyscy ludzie są równi przed Bogiem, jak powiedział Św. Paweł. Nie wystarczy należeć do Kościoła katolickiego, aby zostać zbawionym, ale trzeba być posłusznym przykazaniom Bożym, kierując się własnym sumieniem. Ci, którzy nie są katolikami, są nie mniej istotami, stworzonymi na obraz Boży i przeznaczonymi do tego, by pewnego dnia zjednoczyć się z domem Ojca. Zbawienie jest otwarte dla wszystkich, bez wyjątku. Tylko ci, którzy celowo odrzucają Boga, są przeklęci. Niewiele będzie się wymagać od tego, komu mało zostało dane. Z drugiej strony, komu wiele zostało dane (katolikom), wiele będzie się od niego wymagać. To tylko Bóg, w swojej nieskończonej sprawiedliwości, określa stopień odpowiedzialności i ogłasza sąd. (C128). "

Orędzie z 22 sierpnia 1985: [25]

„Drogie dzieci! Dzisiaj chcę Wam powiedzieć, że Bóg pragnie zesłać na Was pokusy, które przezwyciężycie modlitwą. Bóg doświadcza Was przez codzienne prace. Módlcie się teraz, byście mogli ze spokojem pokonać każdą

---

[24] Medjugorje - Apologia.com, *The Messages of Medjugorje: The Complete Text*, 1981-2014, 2014, strona 104, (tłumaczenie z języka angielskiego: autorka).
[25] Medjugorje - Apologia.com, *The Messages of Medjugorje: The Complete Text*, 1981-2014, 2014, strony 87-88, (tłumaczenie z języka angielskiego: autorka).

pokusę. Z wszystkiego, czym Bóg Was doświadcza, wychodźcie bardziej otwarci ku Bogu i przystępujcie do Niego z miłością."

Orędzie z 25 października 1988: [26]

„Drogie dzieci! Moim zaproszeniem jest orędzie, które daję Wam do codziennego wprowadzenia w życie, szczególnie po to, bym mogła Was, dzieci, poprowadzić bliżej Serca Jezusowego. Dlatego wzywam Was dzisiaj do modlitwy poświęcenia się Jezusowi, mojemu Drogiemu Synowi, aby każde z Waszych serc należało do Niego. Wzywam Was także do ofiarowania się mojemu Niepokalanemu Sercu. Pragnę, abyście ofiarowali się osobiście, jak i rodziny i parafia, tak byście wszyscy przez moje serce należeli do Boga. Dlatego też, drogie dzieci, módlcie się, abyście pojęli wielkość tego orędzia, które Wam daję. Nie pragnę niczego dla siebie, lecz dla zbawienia Waszych dusz. Dzieci szatan jest silny i dlatego też poprzez wytrwałą modlitwę przytulcie się do mojego matczynego serca. Dziękuję, że odpowiedzieliście na moje wezwanie!." (patrz modlitwy)

Orędzie z 25 lipca 1991: [27]

„Drogie dzieci! Dzisiaj wzywam Was, abyście modlili się o pokój. W tym czasie pokój jest w szczególny sposób zagrożony i ja chcę od Was, abyście odnowili post i modlitwę w Waszych rodzinach."

---

[26] Medjugorje - Apologia.com, The Messages of Medjugorje: The Complete Text, 1981-2014, 2014, strona 117, (tłumaczenie z języka angielskiego: autorka).
[27] Medjugorje - Apologia.com, *The Messages of Medjugorje: The Complete Text*, 1981-2014, 2014, strona 120, (tłumaczenie z języka angielskiego: autorka).

Orędzie z 25 listopada 1998: [28]

„Niech spowiedź święta będzie dla Was pierwszym aktem nawrócenia."

Orędzie z 25 lutego 2003: [29]

„Drogie dzieci! Również dzisiaj wzywam Was, byście się modlili i pościli w intencji pokoju. Dziatki, tak jak już mówiłam i teraz Wam powtarzam: jedynie poprzez modlitwę i post można powstrzymać nawet wojny. Pokój jest drogocennym darem od Boga. Szukajcie, proście, a otrzymacie go. Mówcie o pokoju i nieście pokój w waszych sercach. Pielęgnujcie go niczym kwiat, który potrzebuje wody, delikatności i światła. Bądźcie tymi, którzy niosą pokój innym. Jestem z Wami i oręduję za Wami wszystkimi. Dziękuję, że odpowiedzieliście na moje wezwanie."

Orędzie z 25 października 2008: [30]

„Drogie dzieci! W szczególny sposób wzywam Was, abyście się modlili w moich intencjach, aby poprzez wasze modlitwy powstrzymać plan szatana wobec ziemi, która codziennie coraz bardziej oddala się od Boga, a w miejscu Boga umieszcza siebie i niszczy wszystko to, co jest piękne i dobre w duszy każdego z Was. Dlatego kochane dzieci, uzbrójcie się w modlitwę i post, abyście byli świadomi jak bardzo Bóg Was kocha i wypełniali wolę Bożą. Dziękuję Wam, że odpowiedzieliście na moje wezwanie."

---

[28] Angela Mahmoodzada u. Beatrix Zureich, *Medjugorje krótki raport*, 1 nakł., wydawca Miriam , 79798 Jestetten, 2010, strona 38.
[29] Medjugorje - Apologia.com, *The Messages of Medjugorje: The Complete Text*, 1981-2014, 2014, strona 132, (tłumaczenie z języka angielskiego: autorka).
[30] Medjugorje - Apologia.com, *The Messages of Medjugorje: The Complete Text*, 1981-2014, 2014, strona 136, (tłumaczenie z języka angielskiego: autorka).

Orędzie z 2 kwietnia 2015: [31]

„Drogie dzieci! Wybrałam Was, apostołowi moi, ponieważ wszyscy nosicie w sobie coś pięknego. Możecie mi pomóc, by miłość, z powodu której mój Syn umarł i potem zmartwychwstał, na nowo zwyciężyła. Dlatego wzywam Was, apostołowie moi, byście w każdym Bożym stworzeniu, we wszystkich moich dzieciach, starali się widzieć coś dobrego i starali się ich zrozumieć. Dzieci moje, wszyscy jesteście braćmi i siostrami w tym samym Duchu Świętym. Wy, napełnieni miłością do mojego Syna, możecie mówić tym wszystkim, którzy nie poznali tej miłości, o tym, co wy znacie. Wy poznaliście miłość mojego Syna, pojęliście Jego Zmartwychwstanie, z radością wznosicie oczy ku Niemu. Jest moim matczynym pragnieniem, by wszystkie moje dzieci były zjednoczone w miłości do Jezusa. Dlatego wzywam Was, apostołowie moi, byście z radością żyli Eucharystią, ponieważ w Eucharystii mój Syn daruje się Wam zawsze na nowo i swoim przykładem ukazuje miłość i ofiarę do bliźniego. Dziękuję Wam."

Orędzie z 2 stycznia 2019: [32]

„Drogie dzieci, niestety, wśród Was, moich dzieci, jest tak wiele walki, nienawiści, osobistych interesów, samolubstwa. Moje dzieci, tak łatwo zapominacie o moim Synu, Jego słowach, Jego miłości. Wiara gaśnie w wielu duszach, a serca są wypełnione materialnymi rzeczami tego świata. Lecz moje matczyne serce wie, że nadal istnieją tacy, którzy wierzą i kochają, którzy starają się jak najbardziej zbliżyć do mojego Syna, którzy niestrudzenie szukają mojego Syna – tym samym szukając także mnie. Są pokorni i łagodni ze

---

[31] Mario Vasilj, *Medjugorje Aposteln der Gospa Mirjana bezeugt,* Ogranak Matice hrvatske u Čitluk 2015, okładka książki.
[32] Gebetsaktion Medjugorje Wien: *„Botschaften an Mirjana"* in www.gebetsaktion.at, pod:
http://www.gebetsaktion.at/medjugorje-botschaften/botschaften-an-mirjana/
(dostępne w dniu 14 kwietnia 2019).

swoim bólem i cierpieniem, które znoszą w ciszy, z nadzieją, a przede wszystkim ze swoją wiarą. To są apostołowie mojej miłości.

Moje dzieci, apostołowie mojej miłości, uczę Was, że Mój Syn nie prosi o nieustanne modlitwy, lecz także o uczynki i uczucia, prosi byście wierzyli, byście wzrastali w wierze dzięki osobistej modlitwie, byście wzrastali w miłości. Byście kochali się wzajemnie, o to prosi, jest to drogą do życia wiecznego. Moje dzieci, nie zapominajcie, że mój Syn przyniósł światłość na ten świat a przyniósł ją tym, którzy chcieli ją zobaczyć i przyjąć. Bądźcie takimi osobami, ponieważ to jest światłość prawdy, pokoju i miłości. Ja Was prowadzę jako matka, abyście czcili mojego Syna; abyście ze mną kochali mojego Syna; by Wasze myśli, słowa i czyny były skierowane do mojego Syna, aby były w Jego imię. Wtedy moje serce będzie spełnione. Dziękuję Wam".

Orędzie z 2 września 2019: [33]

„Drogie dzieci! Módlcie się! Każdego dnia odmawiajcie różaniec - ten wieniec różany, jaki mnie jako Matkę łączy bezpośrednio z waszymi bólami, cierpieniami, pragnieniami i nadziejami. Apostołowie mojej miłości, jestem z Wami dzięki łasce i miłości mojego Syna i proszę Was o modlitwy. Świat tak bardzo potrzebuje Waszych modlitw, aby dusze mogły się nawrócić. Otwórzcie Wasze serca z pełnym zaufaniem przed moim Synem, a On zapisze w nich krótkie podsumowanie swojego słowa - a jest nim Miłość. Żyjcie w nieprzerwanej łączności z najświętszym Sercem mojego Syna. Moje dzieci, jako Matka, mówię Wam, że nadszedł najwyższy czas, aby uklęknąć przed moim Synem, wyznać, że On jest Waszym Bogiem - centrum Waszego życia.

---

[33] Medjugorje Web Site, „*BOTSCHAFTEN VON MEDJUGORJE*" in www.medjugorje.ws pod: https://www.medjugorje.ws/de/messages/ (dostępne w dniu 19 września 2019).

Przynieście mu dary, to co On kocha najbardziej, czyli miłość do bliźniego, miłosierdzie i czyste serce.

Apostołowie mojej miłości, wiele z moich dzieci nie uznaje jeszcze mojego Syna za swojego Boga, to ci, którzy jeszcze nie poznali Jego miłości. Wy jednak sprawicie, poprzez Wasze modlitwy, wypowiadane czystym i otwartym sercem, z darami, które ofiarujecie mojemu Synowi, że nawet najtwardsze serca się otworzą. Apostołowie mojej miłości, moc modlitwy serca - potężnej modlitwy pełnej miłości - przemienia świat. Dlatego, moje dzieci, módlcie się, módlcie się, módlcie się. Ja jestem z Wami. Dziękuję Wam."

Orędzie z 25 stycznia 1987: [34]

„Drogie dzieci! Oto i dziś pragnę Was wezwać do tego, byście od zaraz Wszyscy zaczęli żyć nowym życiem. Drogie dzieci, pragnę, abyście zrozumieli, że Bóg wybrał każdego z Was, by go użyć w wielkim planie zbawienia ludzkości. Wy nie możecie pojąć, jak wielka jest Wasza rola w planie Bożym. Dlatego, drogie dzieci, módlcie się, żebyście w modlitwie mogli zrozumieć plan Boży względem Was. Jestem z Wami, żebyście go mogli w pełni urzeczywistnić."

Uwaga: Wszystkie orędzia można zobaczyć na stronach internetowych: http://www.medjugorje.eu/messages/ [35],

---

[34] Medjugorje - Apologia.com, *The Messages of Medjugorje: The Complete Text*, 1981 - 2014, 2014, strony 97 - 98 (tłumaczenie z języka angielskiego: autorka).
[35] The Riehle Foundation, „*All 1300 messages from the beginning until today on one page*" in MESSAGES AND TEACHINGS OF MARY AT MEDJUGORJE pod: http://www.medjugorje.eu/messages/ (dostępne w dniu 6 kwietnia 2020).

www.medjugorje.ws [36] i www.medjugorje.de. [37] (informacja bez gwarancji)

Dziesięć Tajemnic

Częścią orędzi jest również dziesięć tajemnic. W kwestii tajemnic Mirjana Soldo odgrywa dominującą rolę. 25 grudnia 1982 roku otrzymała ona wszystkie dziesięć tajemnic w formie pisma. Mirjana pokazała to pismo kuzynce/owi i przyjacielowi /łce (dokładnie nie wiadomo), ale nikt oprócz Mirjany nie mógł zobaczyć treści w jej rzeczywistej formie. Inni widzieli modlitwy lub prośby o pomoc. [38]

Matka Boska nakazała Mirjanie wybrać księdza, któremu ufa. Dziesięć dni przed pojawieniem się pierwszej tajemnicy powierzy mu ona tę tajemnicę. Mirjana wybrała ojca Petara Ljubičicia. Zanim tajemnica zostanie ujawniona, oboje powinni pościć i modlić się przez 7 dni.

Dwie pierwsze tajemnice dotyczą ostrzeżeń dla świata. Te wydarzenia będą miały miejsce za życia Mirjany. Również orędzia z Medziugorja mają być następnie usankcjonowane pojawieniem się tych dwóch tajemnic. [39] Mówiąc dokładniej, pierwszy sekret odnosi się do wielkich niepokojów na świecie. [40]

---

[36] Medjugorje Web Site, *„BOTSCHAFTEN VON MEDJUGORJE"* w www.medjugorje.ws pod: https://www.medjugorje.ws/de/messages/ (dostępne w dniu 12 lipca 2019).

[37] Deutschsprachiges Informationszentrum für Medjugorje, *„Alle bisherigen Botschaften der Muttergottes"* in medjugorje wo der Himmel die Erde berührt pod: https://www.medjugorje.de/botschaften/alle-botschaften/ (dostępne w dniu 12 lipca 2019).

[38] Lynch, Dan, T*he Ten Secrets of the blessed Virgin Mary, John Paul Press*, St. Albans, VT 05478, USA, 2011, strony 20, 22.

[39] Lynch, Dan, *The Ten Secrets of the blessed Virgin Mary, John Paul Press*, St. Albans, VT 05478, USA, 2011, strona 23.

[40] prolifeformankind.com *„ The 10 Secrets of Medjugorje: "What you need to know"* in YOU TUBE opublikowane 14 kwietnia 2014 (dostępne w dniu 14 kwietnia 2019).

Druga tajemnica dotyczy oświecenia sumienia. Powstanie sąd interesujący się sztuką. [41]

Trzecia tajemnica zapowiada widoczny i trwały znak na Wzgórzu Objawienia. [42] Równolegle z pojawieniem się znaku będą cuda i uzdrowienia. [43]

Nic nie wiadomo o tajemnicach 4, 5, 6. [44]

Po pojawieniu się widocznego znaku ludzie mogą się nawrócić na krótki czas. Ale potem następują kary. Kary są przewidywane w tajemnicach 7 - 10. [45]

Według Mirjany karę, która jest przepowiedziana w 7 tajemnicy, można złagodzić poprzez modlitwę. [46] [47]

Ukaranie, które jest ogłoszone w 8 tajemnicy, przeraziło Mirjanę do tego stopnia, że prosiła o miłosierdzie dla ludzkości. Kara została złagodzona, ale nie można jej całkowicie uniknąć. [48]

---

[41] prolifeformankind.com: „The 10 Secrets of Medjugorje: "What you need to know" in YOU TUBE, opublikowane 14 kweitnia 2014 (dostępne w dniu 14 kwietnia 2019).
[42] www.saturdaynightspirit.com: „Die Erscheinungen von Medjugorje (seit 1981)" in: Saturday Night Spirit, pod:
https://www.saturdaynightspirit.com/medjugorje/ (dostępne w dniu 14 kwietnia 2019).
[43] www.saturdaynightspirit.com: „Die Erscheinungen von Medjugorje (seit 1981)" in: Saturday Night Spirit, pod:
https://www.saturdaynightspirit.com/medjugorje/ (dostępne w dniu 14 kwietnia 2019).
[44] prolifeformankind.com: „The 10 Secrets of Medjugorje: "What you need to know" in YOU TUBE, opublikowane 14 kwietnia 2014 (dostępne w dniu 14 kwietnia 2019).
[45] Lynch, Dan, The Ten Secrets of the blessed Virgin Mary, John Paul Press, St. Albans, VT 05478, USA, 2011, strona 21.
[46] You Tube: „The 10 Secrets of Medjugorje: "What you need to know" von prolifeformankind.com, opublikowane 14 kwietnia 2014 (dostępne w dniu 14 kwietnia 2019).
[47] The Ten Secrets of the Blessed Virgin Mary by Dan Lynch, strona 26.
[48] Medjugorje - Apologia.com, The Messages of Medjugorje: The Complete Text, 1981-2014, 2014, strona 51, Orędzie z 6 listopada 1982. (tłumaczenie z języka angielskiego: autorka)

Nadciągające nieszczęście przepowiadane w 9 tajemnicy wciąż może być złagodzone przez modlitwę. [49]

Kara za 10 tajemnicę obejmuje 3 dni ciemności i nie może być łagodzona przez modlitwę. [50] Kara wynika z faktu, że nie wszyscy ludzie zostaną nawróceni. [51]

Orędzie o ostrzeżeniach (25 sierpnia 1997): [52]

„Drogie dzieci! Bóg daje mi ten czas jako dar dla Was, abym mogła Was pouczać i prowadzić drogą zbawienia. Teraz, drogie dzieci, nie pojmujecie tej łaski, ale wkrótce nadejdzie czas, kiedy odczujecie żal za tymi orędziami."

Pogląd Mirjan na temat kar:

„Chciałbym zasugerować, abyście nie mówili o karach, ponieważ Matka Boża przybyła do Medziugorja, aby nam pomóc, a nie nas chronić.

„Jeśli słyszałem w Fatimie, ukończę w Medziugorju. Moje serce zatriumfuje"

Jeśli serce naszej Boskiej Matki zostanie wywyższone, czy można się tego obawiać?" [53]

---

[49] Lynch, Dan, *The Ten Secrets of the blessed Virgin Mary,* John Paul Press, St. Albans, VT 05478, USA, 2011, strona 26.
[50] Lynch, Dan, *The Ten Secrets of the blessed Virgin Mary*, John Paul Press, St. Albans, VT 05478, USA, 2011, strona 26 oraz
You Tube: „*The 10 Secrets of Medjugorje: "What you need to know"* z prolifeformankind.com, (na podstawie książki „*The Last Apparition"* z Wayne Weible 3 stycznia 2013), opublikowane 14 kwietnia 2014 (dostępne w dniu 14 kwietnia 2019).
[51] You Tube: „*The 10 Secrets of Medjugorje: "What you need to know"* z prolifeformankind.com, opublikowane 14 kwietnia 2014 (dostępne w dniu 14 kwietnia 2019).
[52] Medjugorje - Apologia.com, *The Messages of Medjugorje: The Complete Text,* 1981-2014, 2014, strona 126 (Tłumaczenie z języka angielskiego: autorka).
[53] Lynch, Dan, *The Ten Secrets of the blessed Virgin Mary*, John Paul Press, St. Albans, VT 05478, USA, 2011, strona 27.

STACJE PIELGRZYMKOWE W MEDZIUGORJE

1. Wzgórze Objawienia (Podbrdo) i Niebieski Krzyż (Blue Cross)

Do pierwszego objawienia prowadzi ciężka i kamienista, półgodzinna, ciągle wzrastająca droga. Droga jest wyszyta płaskorzeźbami z brązu włoskiego rzeźbiarza Prof. Carmelo Puzzolo. [54] Relikwie przedstawiają Tajemnice Radosną i Bolesną Różańca Świętego. Zostały one wzniesione w 1989 roku. Dotarłszy na szczyt spotykamy dużą Statuę Maryi. Jest to replika stworzonego przez Dino Felici statuy Matki Boskiej, która znajduje się przed kościołem parafialnym. Replika została podarowana przez pielgrzymów z Korei Południowej w podziękowaniu za uzdrowienie ich syna. [55] Statua została zainaugurowana przez Ojca Ivana Sesar. [56] Na Wzgórzu Objawienia znajduje się także duży, drewniany, Krzyż Tyrolski ufundowany przez pielgrzymów z Bolzano. [57]

Do Podbrdo prowadzą trzy „wejścia". Pierwsze „wejście" z miejsca Kraljice Mira znajduje się na Kraljice Mira 43. Jeśli zaczniesz wspinać się stąd na Wzgórze Objawienia, to będzie to trwało 5 - 10 minut dłużej, niż na innych szlakach, ale droga będzie łatwiejsza. Na początku tego szlaku po

---

[54] Carmelo Puzzolo był kiedyś pielgrzymem w Medziugorje. Pomysł na płaskorzeźby z brązu zrodził się ze spontanicznego spotkania z ojcem Slavko Barbarić.
Źródło: Medjugorje Deutschland e.V.: „Entstehung der Bronzetafeln auf den Bergen" in: medjugorje Wo der Himmel die Erde berührt (Źródło: gazetka Oase des Friedens 10/2014) (dostępne w dniu 17 lipca 2019).
[55] Ljubica Benović, *Medjugorje A Little Encyclopaedia*, Publishers: Euterpa Drinovci and Pogledača, Zagreb, Drinovci 2010, strona 42.
[56] Franjo Sušac (tekst i zdjęcia), Conect Mostar (i Design), Medjugorje *MONOGRAFIA PER I PELLEGRINI*, Grafotisak, Grude 2014, strona 18.
[57] Franjo Sušac (tekst i zdjęcia), Conect Mostar (i Design), Medjugorje *MONOGRAFIA PER I PELLEGRINI*, Grafotisak, Grude 2014, strona 16.

prawej stronie znajduje się duży drewniany krzyż. Tak zostało oznaczone miejsce, gdzie Matka Boska poprosiła pierwszy raz o pokój. [58]

Do dwóch pozostałych „wejść" można dojść pieszo, około 80 metrów od Kraljice Mira. „Wejścia" znajdują się po lewej i prawej stronie kościoła. Prowadzą one również do tzw. **Niebieskiego Krzyża (Blue Cross).** Jest to stacja modlitewna, która znajduje się na samym początku wznoszenia. Nazwa tego miejsca pochodzi od faktu, że umieszczono tam kilka dużych niebieskich krzyży z figurą Matki Boskiej. Tutaj mogą modlić się pielgrzymi, dla których całe wejście nie jest możliwe. Jeśli chcesz odmówić cały Różaniec podczas „trasy" na Wzgórzu Objawienia, to powinieneś zacząć od wejść drugiego i trzeciego i zorientować się po płaskorzeźbach. Wycieczka kończy się wtedy na „wyjściu 1". Dobrze jest wiedzieć, że jest możliwość wniesienia nas na noszach na Wzgórze Objawienia. W związku z tym, trzeba się skontaktować z centrum informacji.

Drogi na Wzgórze Objawienia nie są oświetlone w nocy.

Pod Blue Cross często odbywają się Objawienia Maryi.

Niestety wprowadzono zmianę w tym temacie od 18 marca 2020 roku do 2 marca 2020 roku wizjonerka Mirjana otrzymywała tu wiadomość każdego drugiego dnia miesiąca. W przesłaniu urodzinowym z 18 marca 2020 roku Matka Boża poinformowała Mirjane, że to już koniec. Mirjana otrzyma teraz wiadomość tylko w dniu swoich urodzin, 18 marca. [59] Ponieważ zakładam, że te wiadomości

---

[58] Ljubica Benović, *Medjugorje A Little Encyclopaedia*, Publishers: Euterpa Drinovci and Pogledača, Zagreb, Drinovci 2010, strona 42.
[59] Stephen Ryan:„*Visionary Mirjana's apparitions with the Blessed Mother on the 2nd of the month have permanently ended. Will appear to Mirjana once a*

będą nadal rozgłaszane publicznie na Niebieskim Krzyżu, zostawiam poniższy tekst. Opisuje, jak występowały na niebieskim krzyżu w przeszłości. W tym momencie ścieżka dla wizjonerów przy 3 wejściu jest oczyszczona. (Uwaga: niestety wielu pielgrzymów nie utrzymuje odpowiedniej odległości od Mirjany). Niektórzy pielgrzymi spędzają nawet całą noc pod Blue Cross, aby być na samym przodzie. Nawet jeśli nie prosisz się o bycie pierwszym, powinieneś być tam przed siódmą rano. Od godziny 8:00 odmawiany jest różaniec, a po nim zwykle następuje objawienie. Przed każdym objawieniem śpiewa się i modli. Wizja trwa około 10 minut. Ponieważ wielu pielgrzymów pochodzi z Włoch, różaniec i pieśni są w większości po włosku. Wiadomo, że Najświętsza Maryja Panna pojawia się tylko poprzez nagłą ciszę lub przez wypowiedziane słowo: „Silenzio" (Spokój)!.

Duży żwirowy parking znajduje się po lewej stronie za 3 zjazdem. Zaparkowane są tam nie tylko autobusy, ale także samochody. Podczas objawienia wskazane jest, aby być wcześniej, jeśli chcesz tam nadal zaparkować.

W przypadku problemów z wejściem/zejściem

Numer pierwszej pomocy: 0038736650201

Uwagi odnośnie publicznych objawień Matki Bożej:

- Wizjonerka Marija nadal ma objawienia, głównie publiczne, każdego 25 dnia miesiąca. Jednak zazwyczaj odbywają się one w kompleksie hotelowym „Magnificat" (patrz MOŻLIWY KONTAKT Z WIZJONERAMI, strony 43-45).

---

year on her birthday.", w MYSTIC POST 18 Marzec 2020, pod: https://mysticpost.com/2020/03/visionary-mirjanas-apparitions-with-the-blessed-mother-on-the-2nd-of-the-month-has-permanently-ended-will-appear-to-mirjana-once-a-year-on-her-birthday/ (dostępne w dniu 2 kwietnia 2020).

- Czasami również, wizjoner Ivan ma spontaniczne objawienia Matki Bożej na Niebieskim Krzyżu. Dlatego codziennie zasięgaj informacji w swoim obiekcie, czy dzieje się coś wyjątkowego.

🔵 ... Moje oczy i serce będą tutaj, nawet jeśli już się nie pojawię ... (fragment orędzia do Mirjany z 18 marca 1996 r.) [60]

---

[60] Medjugorje 1981 – 2019: *History of the apparitions and the messages of the Queen of Peace from 1981 to 2018*, Matica Hrvatska Čitluc, 2019, strona 165. (tłumaczenie z języka niemieckiego: autorka)

- Statua Maryi na Podbrodo
- Krzyż tyrolski na Wzgórzu Obajwienia 
- Płaskorzeźba na Wzgórzu Objawienia

Niebieski Krzyż / Blue Cross

Droga na Wzgórze Objawienia

Tutaj Matka Boża poprosiła pierwszy raz o pokój

2. Kościół Świętego Jakuba

Budowa kościoła parafialnego trwała 34 lata, od 1935 roku do 1969. [61] Matka Boska objawiła się dzieciom kilkakrotnie w tym kościele. [62]

Na dziedzińcu kościoła znajduje się pomnik „Królowej Pokoju" autorstwa Dino Felici. Został on wzniesiony w 1987. [63] W pobliżu posągu znajdują się również dwie fontanny. Zimą jednak są wyłączone. Ale nie martw się, analiza przeprowadzona przez mediolańską grupę badawczą pod przewodnictwem pani Gigi Capriolo mówi, że każda woda, która pochodzi z Medziugorje powinna zgodnie z analizą, być przede wszystkim mezodermią z natury. Dlatego też, powinna mieć pozytywny wpływ na kręgosłup, mięśnie i stawy, a także powinna regulować nerwy. [64]

---

[61] Ljubica Benović, *Medjugorje A Little Encyclopaedia,* Publishers: Euterpa Drinovci and Pogledača, Zagreb, Drinovci 2010, strona 33.
[62] Sabrina Čovič – Radojičić, Begegnungen mit Pater Jozo,, Les Editions Sakramento, 75014 Paryż, Francja, 2014, Location 807.
[63] Ljubica Benović, *Medjugorje A Little Encyclopaedia,* Publishers: Euterpa Drinovci and Pogledača, Zagreb, Drinovci 2010, strona 52.
[64] Ojciec Bernward Maria Weiss, „Die Wunderwasser heiliger Orte" w www.kath-zdw.ch pod:
http://kath-zdw.ch/maria/wallfahrtsorte.wundertaetiges.wasser.html (dostępne w dniu 18 kwietnia 2019).

Kościół Św. Jakuba widok z tyłu

Kościół Św. Jakuba widok z boku

Pomnik „Królowej Pokoju" **na** dziedzińcu Św. Jakuba

> Statua Maryi w kościele Św. Jakuba

> Konfesjonały przy kościele Św. Jakuba

3. Križevac - Góra Krzyża [65] [66]

Góra Krzyża jest to góra nad Medziugorje na, której parafianie wznieśli w 1934 roku betonowy krzyż o wysokości 8,56 metra.[67] Napis na krzyżu brzmi: „Jezusowi Chrystusowi, Odkupicielowi rodzaju ludzkiego na znak wiary, miłości i nadziei, zbudowanej przez ojca Bernardina Smoljan, proboszcza parafii w Medziugorje. O Jezu zbaw nas od wszelkiego złego!" [68]

---

[65] Oryginalna kursywa została usunięta ze wszystkich orędzi.
[66] Błędy ortograficzne, interpunkcyjne i wielkie litery zostały poprawione we wszystkich orędziach. Aby jednak nie wpływać negatywnie na przepływ odczytu, korekty te nie zostały oznaczone (sic!).
[67] Angela Mahmoodzada u. Beatrix Zureich, *Medjugorje Kurzberich*, 1 nakł., wydawca Miriam, 79798 Jestetten, 2010, strona 36.
[68] Mario Vasilj, *Medjugorje Aposteln der Gospa Mirjana bezeugt*, Ogranak Matice hrvatske u Čitluk 2015, strona 137.

W skrzyżowaniu krzyża zostały wbudowane relikwie. Relikwie te zostały podarowane przez Rzym. Od ustanowienia krzyża na górze, w uroczystości Podwyższenia Krzyża (1 niedziela po narodzinach Maryi), odprawiono mszę świętą. Wraz z objawieniami Matki Bożej wierni zaczęli modlić się Drogą Krzyżową na Górze Krzyża.

Po objawieniu Maryi pielgrzymi często widzieli na niebie nad Križevac, słowo: POKÓJ w kolorze złotym, ręcznie napisane. Matka Boża ogłosiła na Górze Krzyża, że jest Królową Pokoju. [69] Wizjonerzy twierdzą, że 30 sierpnia 1982 roku Gospa skomentowała Górę Krzyża w następujący sposób: [70]

„Drogie dzieci! I krzyż był w Bożych planach, kiedyście go wznosili. Szczególnie w tych dniach idźcie na górę i módlcie się przed krzyżem. Potrzebne mi są wasze modlitwy. Dziękuję, że odpowiedzieliście na moje wezwanie.!"

24 listopada 2000 roku pod krzyżem wzniesiono płaskorzeźbę z brązu ku czci Ojca Slavko Barbarić. Ojciec Barbarić był bardzo oddany Medziugorje. Rok wcześniej towarzyszyła mu grupa pielgrzymów i zmarł z powodu niewydolności serca w miejscu pomocy. [71]

Wejście na Górę Krzyża znajduje się na Put Criževaca. Naprzeciwko „wejścia" znajduje się mały parking. Za parkowanie nie są pobierane opłaty.

Droga jest równie kamienista i stroma jak ta na Podbrdo, na wejście powinno się przeznaczyć 1 godz. i 15 minut.

Jeśli nadal będziesz się modlić podążając Drogą Krzyżową, wejście zajmie ci około 1 godz. i 30 minut. Również tutaj

---

[69] Angela Mahmoodzada u. Beatrix Zureich, *Medjugorje Kurzberich*, 1 nakł., wydawca Miriam , 79798 Jestetten, 2010, strona 36.
[70] Mario Vasilj, *Medjugorje Aposteln der Gospa Mirjana bezeugt*, Ogranak Matice hrvatske u Čitluk 2015, strona 96.
[71] Angela Mahmoodzada u. Beatrix Zureich, *Medjugorje Kurzberich*, 1 nakł., wydawca Miriam , 79798 Jestetten, 2010, strona 36.

zastosowano płaskorzeźby z brązu tym razem do modlitwy Drogi Krzyżowej.

Droga na Križevac nie jest oświetlona w nocy.

W przypadku problemów z wejściem/zejściem:

Numer pierwszej pomocy: 0038736650201

- Krzyż na Križevac
- Droga na Górę Krzyży 
- Płaskorzeźba Ojca Slavko Barbaric

4. Via Domini

Aleja o nazwie Via Domini (ścieżka Pańska) znajduje się za kościołem Św. Jakuba. Prowadzi w kierunku Križevac.

Wzdłuż tej ścieżki znajduje się 5 mozaik, które za pomocą świateł przedstawiają różaniec. [72]

Nie powinniśmy być zaskoczeni, gdy spotkamy tam w nocy „zaparkowane" konie.

---

[72] Travel-medjugorje.com:„*The top 10 things to do while in Medjugorje*", w whl.travel 2016, pod:
https://www.travel-medjugorje.com/travel-info/The-top-10-things-to-do-while-in-medjugorje (dostępne w dniu 14 kwietnia 2019).

Mozaika wzdłuż Via Domini

5. Posąg zmartwychwstałego Jezusa

Po przejściu wszystkich 5 mozaik pochodzących z kościoła Św. Jakuba, na Via Domini po prawej stronie znajdziesz Posąg Zmartwychwstałego Jezusa. Słoweński rzeźbiarz Andrej Ajdič podarował go parafii w 1998 na pierwszy dzień Wielkanocy. [73]

Jest nieprawdopodobne, że posąg od 2000 roku wydzielał płyn pod prawym kolanem. [74]

Różni fizycy badali posąg, ale nie mogli znaleźć logicznego wyjaśnienia tego fenomenu. [75] Włoski „Turiner Tuch" ekspert, profesor Giulio Fanti z Uniwersytetu w Padwie, przeanalizował płyn i doszedł do następującego wniosku: ciecz składa się z 99 % wody, ale zawiera również śladowe ilości wapnia, miedzi, żelaza, potasu, magnezu, sodu, siarki

---

[73] Stephen Ryan: „*Medjugorje. The unveiled mysteries of the statue of the risen Christ.*", w MYSTIC POST 9 sierpnia 2018, pod:
https://mysticpost.com/2018/08/medjugorje-the-unveiled-mysteries-of-the-statue-of-the-risen-christ/
(dostępne w dniu 11 kwietnia 2019).
[74] Medjugorje Web Online Store: „*Risen Christ*" pod:
https://medjugorje.org/ccart/statues/risen-christ.html
(dostępne w dniu 21 kwietnia 2019).
[75] Medjugorje Web Online Store: „*Risen Christ*" pod:
https://medjugorje.org/ccart/statues/risen-christ.html
(dostępne w dniu 21 kwietnia 2019).

i cynku. [76] Ciecz krystalizuje się również w stanie wysuszonym. [77] Wielu pielgrzymów wyciera krople, o których mówi się, że mają właściwości lecznicze i przynoszą je chorym. [78]

Biodro posągu zostało pokryte przez artystę gazetą, na której został zapisany Psalm 138. [79]

Proszę zawsze uzbroić się w cierpliwość i czekać do pół godziny, aż dojdzie się do posągu.

Mały plac, na którym znajduje się posąg, służy do cichej modlitwy i od 2002, również do modlitwy Drogi Krzyżowej. [80] Pielgrzymi, którzy nie są w stanie dotrzeć do Križevac, mogą tutaj odmawiać Drogę Krzyżową. [81]

---

[76] Stephen Ryan: *„Medjugorje. The unveiled mysteries of the statue of the risen Christ.",* w MYSTIC POST 9 sierpnia 2018, pod:
https://mysticpost.com/2018/08/medjugorje-the-unveiled-mysteries-of-the-statue-of-the-risen-christ/
(dostępne w dniu 11 kwietnia 2019).

[77] Stephen Ryan: *„Medjugorje. The unveiled mysteries of the statue of the risen Christ. ",* w MYSTIC POST 9 sierpnia 2018, pod:
https://mysticpost.com/2018/08/medjugorje-the-unveiled-mysteries-of-the-statue-of-the-risen-christ/
(dostępne w dniu 11 kwietnia 2019).

[78] Stephen Ryan: *„Medjugorje. The unveiled mysteries of the statue of the risen Christ. ",* w MYSTIC POST 9 sierpnia 2018, pod:
https://mysticpost.com/2018/08/medjugorje-the-unveiled-mysteries-of-the-statue-of-the-risen-christ/
(dostępne w dniu 11 kwietnia 2019).

[79] Stephen Ryan:*„Medjugorje. The unveiled mysteries of the statue of the risen Christ.",* w MYSTIC POST 9 sierpnia 2018, pod:
https://mysticpost.com/2018/08/medjugorje-the-unveiled-mysteries-of-the-statue-of-the-risen-christ/
(dostępne w dniu 11 kwietnia 2019).

[80] Medjugorje Deutschland e.V.: *„Auferstandener Jesus",* w: Medjugorje Wo der Himmel die Erde berührt, pod: https://www.medjugorje.de/medjugorje/ueber-medjugorje/orte-des-gebetes/auferstandener-jesus/
(dostępne w dniu 21 kwietnia 2019).

[81] Travel-medjugorje.com:*„The top 10 things to do while in Medjugorje ",* w whl.travel 2016, pod:
https://www.travel-medjugorje.com/travel-info/The-top-10-things-to-do-while-in-medjugorje

Statua zmartwych-wstałego Jezusa

Statua po prawej stronie Via Domini

6. Dom nienarodzonego życia

Kontynuując drogę Via Domini za posągiem Zmartwychwstałego Jezusa, po lewej stronie znajduje się ściana obrazów Medziugorja. Dom nienarodzonego życia znajduje się zaraz po ścianie obrazów.

Tam masz okazję modlić się o życie nienarodzone. Dostępna jest również, wielojęzyczna literatura na tematy: pochodzenia życia i aborcji.

(dostępne w dniu 14 kwietnia 2019).

Ściana obrazów Medziugorja

Dom nienarodzonego życia (wnętrze)

7. Cmentarz Kovačica

Na końcu Via Domini znajduje się cmentarz Kovačica. Ojciec Slavko Barbari został pochowany na tym cmentarzu. Wielu pielgrzymów odwiedza jego grób, prosząc o jego wstawiennictwo. Pielgrzymi polegają na przesłaniu z dnia 25 listopada 2000 roku, w którym Maryja powiedziała: *„Raduję się z wami i pragnę wam powiedzieć, że wasz brat Slavko narodził się w niebie i oręduje za wami...".* [82]

---

[82] Travel-medjugorje.com:*„The top 10 things to do while in Medjugorje",* w whl.travel 2016, pod:
https://www.travel-medjugorje.com/travel-info/The-top-10-things-to-do-while-in-medjugorje
(dostępne w dniu 14 kwietnia 2019).

> Cmentarz Kovačica, ostatnie miejsce spoczynku Ojca Barbariča

8. Kaplica adoracyjna

Kaplica adoracyjna znajduje się obok kościoła Św. Jakuba. Zgodnie z programem modlitewnym centrum informacyjnego, jest ona dostępna po południu. Niestety nie mogę tego potwierdzić. Regularnie odbywają się tu jednak nabożeństwa różnych grup pielgrzymujących.

> Kaplica adoracyjna od wewnątrz

9. Park świec

Jeśli staniesz przed kościołem Św. Jakuba konfesjonały znajdują się po prawej i lewej stronie. Po prawej stronie konfesjonałów znajdują się drzwi do parku świec. Możesz także dotrzeć do tego miejsca, spacerując po spowiedzi z zewnątrz. W parku świec znajduje się duży drewniany krzyż. To miejsce jest przeznaczone do cichej modlitwy. Pielgrzymi mogą tutaj również, zapalić swoje świece. [83]

Dobrze jest mieć przy sobie zapalniczkę.

Park Świec

10. Obiekty socjalne

W centrum Medziugorje znajdują się różne obiekty socjalne. Zostały one założone z inicjatywy Ojca *Slavko Barbarić*. Do tych obiektów zalicza się dwa centra pomocy osobą uzależnionym od narkotyków: „The Village „**Cenacolo**" (w języku włoskim dla sali sakramentalnej) [84] i „**Campo della vita**" (miejsce życia). Innym obiektem jest „**Majčino selo**" („Wioska - Matka"). [85] Został uruchomiony po wojnie, która

---

[83] Travel-medjugorje.com:„*The top 10 things to do while in Medjugorje*", w whl.travel 2016, pod:
https://www.travel-medjugorje.com/travel-info/The-top-10-things-to-do-while-in-medjugorje
(dostępne w dniu 14 kwietnia 2019).
[84] Das Cenacolo: Kraljice Mira 108, Tel: +387 366 517 56
e-mail: campo.della.vita@tel.net.ba, Associazione San Lorenzo – ONLUS, *Communità Cenacolo*, pod:
http://www.comunitacenacolo.it/official/index.php?option=com_content&view=article&id=173 (dostępne w dniu 23 kwietnia 2019).
[85] Tel.: +387-36-653-000
Fax +387-36-653-020

nawiedziła region w latach 1991-1995. Początkowo zapewniał ochronę dzieciom osieroconym lub porzuconym, a nawet dzieciom pochodzącym z rozbitej rodziny. Również dzieci, które żyły w wielkim ubóstwie znalazły tu schronienie. Dziś zaangażowane społecznie wioski obejmują także inne obszary. [86]

Kolejnym owocem szkockiej pielgrzymki, jest akcja pomocnicza **Mary´s Meals**.[87] „Sklep" Mary´s Meals znajduje się na ulicy papieża Ivana Pawła II, przed kościołem Św. Jakuba po prawej stronie.

Stowarzyszenie Sióstr Misjonarek Rodziny Rannej opiekuje się osieroconymi dziećmi i osobami starszymi. [88]

E-mail: info@mothersvillage.org
Web: www.mothersvillage.org (dostępne w dniu 4 maja2019).
[86] Hubert Liebherr: „ *Medjugorje Wo der Himmel die Erde berührt* ", w Medjugorje.de, pod:
https://www.medjugorje.de/medjugorje/humanitaer/mutterdorf/ (dostępne w dniu 4 maja 2019).
[87] https://www.marysmeals.de/ (dostępne w dniu 4 maja 2019).
Mary´s Meals Deutschland e.V.
Fürstenbergerhofstr. 21
5516 Mainz
Tel.: 061312754300
E-Mail: info@marysmeals.de (informacje w broszurze informacyjnej)
[88] Dane konta na darowizny :
Dom za stare i iznemogle osobe "IVAN PAVAO II"
Numer konta: 3381202253488977
IBAN: BA 393381204853587460 - EUR
SWIFT CODE: UNCRBA22
Źródło:
Sestre Misionarke Ranjene Obitelji: „ *Contact Information* " w: Obiteljski Obiteljski Centar Papa Ivan Pauao II 2017 pod:
http://www.sestre-mro.info/it/charitable-work (dostępne w dniu 17 lipca 2019).

Cenacolo

Wejście do Wioski - Matka

Mary´s Meals

11. Ogród Św. Franciszka

To jest ostatni projekt zmarłego ojca *Slavko Barbarić*. Ogród ten znajduje się obok Wioski Matki i służył nie tylko do modlitwy i relaksu, ale był także placówką dydaktyczną dla dzieci. Była tam na przykład oferowana hipoterapia (terapeutyczna jazda konna) dla niepełnosprawnych dzieci. [89] Niestety park został w dużej mierze zamknięty, prawdopodobnie ze względu na koszty. Tylko wejście do amfiteatru, które jest odpowiednie na targi na świeżym powietrzu, jest dostępne przez wejście w Wiosce Matki.

Oficjalne wejście do ogrodu Św. Franciszka

---

[89] Udruga Međugorje - MIR, Split, HR *„FÜHRER DURCH DAS HEILIGTUM DER KÖNIGIN DES FRIEDENS"* w: medziugorie.hr, czerwiec 2002, pod: http://www.medjugorje.hr/de/phanomen-medjugorje/fuhrer/ (dostępne w dniu 28 marca 2019).

- Wejście do Ogrodu przez Wioskę Matki
- Mapa ogrodu 
- Posąg Chrystusa w amfiteatrze 
- Amfiteatr w ogrodzie

12. Wspólnoty

Ludzie, którzy szukają świeckiego, sakralnego życia, znajdą w Medziugorje wspólnotę **„Oaza Pokoju"** [90] i wspólnotę **„Błogosławieństw"**. [91]

Kaplica Oazy Pokoju, jest również wykorzystywana przez pielgrzymów do odprawiania Mszy Świętej.

---

[90] Medjugorje Deutschland e.V.: „Gemeinschaft "Oase des Friedens" w medjugorje.de, pod:
https://www.medjugorje.de/medjugorje/gemeinschaften/oase-des-friedens/
(dostępne w dniu 28 marca 2019).

Comunita Mariana "Oasi della Pace"
Casa Generalizia
Casella Postale 25
I-02036 Passo Corese
Tel.: 0039-765-488993

Marijanska Zajednica "Oaza Mira"
Bijakovići
BiH-88266 Medjugorje
Bosnien-Herzegowina
e-mail: oaza-mira (proszę usunąć) @tel.net (proszę usunąć).ba
Tel.: 00387-36-651829

[91] Medjugorje Deutschland e.V.: *„Gemeinschaft der `Seligpreisungen"* w medjugorje.de, pod:
https://www.medjugorje.de/medjugorje/gemeinschaften/seligpreisungen/
(dostępne w dniu 21 kwietnia 2019).

Gemeinschaft der Seligpreisungen
Ostwall 5
D-47589 Uedem
Tel: 02825 / 53 58 71
Fax: 02825 / 53 58 72
uedem@seligpreisungen.org
Gemeinschaft der Seligpreisungen
Regina Pacis
BiH-88266 Medjugorje
e-mail: foyer.medjugorje (proszę usunąć)@gmail (proszę usunąć).com
Tel. 00387-36 65 17 52

Kaplica Oazy Pokoju

„**Wspólnota Maryja, Królowa Pokoju**" [92] prowadzi dom spotkań przy cmentarzu. Szczególnie młodzi ludzie mogą uzyskać tam wskazówki. Ale również grupy pielgrzymów są zaproszeni do modlitwy i rozmowy.

„**Wspólnota Miłosiernego Ojca**" [93] wspiera młodzież w radzeniu sobie z uzależnieniami od narkotyków i alkoholu.

---

[92] Medjugorje Deutschland e.V.: Gemeinschaft „Maria, Königin des Friedens" w medjugorje.de, pod:
https://www.medjugorje.de/medjugorje/gemeinschaften/maria-koenigin-des-friedens/
(dostępne w dniu 21 kwietnia 2019).
Haus der Begegnung
Put Kovačici 26
88266 Međugorje
Tel.: +38763 356529
Mail: hausderbegegnung@maria-frieden.at
[93] Medjugorje Deutschland e.V.: Gemeinschaft des „Barmherzigen Vaters" w medjugorje.de, pod:
https://www.medjugorje.de/medjugorje/gemeinschaften/barmherziger-vater/
(dostępne w dniu 21 kwietnia 2019).

Präsident: Fra Svetozar Kraljevic Bijakoviči
88266 Medjugorje
Bośnia i Hercegowina
Tel/Fax: +387-36-653-058
e-mail: motac@tel.net.ba
Website: http://www.milosrdni-otac.com

WIZJONERZY

1. Ivanka Ivanković - Elez

Wizjonerka urodziła się 21 czerwca 1966 w Bijakovii. Jako pierwsza zobaczyła Matkę Bożą. 7 maja 1985 została jej powierzona dziesiąta tajemnica. Od tego czasu Gospa objawia się jej raz w roku 25 czerwca. Od 1986 jest ona mężatką i żyje wraz ze swoją rodziną w Medziugorje. Matka Boża powierzyła jej intencje modlitewną za rodziny. [94]

2. Vicka Ivanović - Mijatović

Vicka jest kuzynką Ivanki i urodziła się w Bijakovići 3 września 1964 roku. Otrzymała 9 tajemnic. Jest mężatką od 2002 roku, ma córkę i syna. Teraz Vicka mieszka niedaleko Medziugorja w Krehin Gradac. Nadal ma regularne wizje Najświętszej Matki. [95] Radzono jej modlić się za chorych. Wizjonerka jest chwilowo poważnie chora i dlatego rzadko kontaktuje się z pielgrzymami.

Należy zaznaczyć, że Vicka otrzymała pozwolenie od Matki Boskiej na opisanie Jej życia. Książka jest wydawana na żądanie Gospa. [96] Rodzina Ivanović otrzymała również dwa antyczne różańce od Najświętszej Matki. [97]

---

[94] Angela Mahmoodzada u. Beatrix Zureich, *Medjugorje Kurzbericht*, 1 nakł., wydawca Miriam , 79798 Jestetten, 2010, strony 24-25.
[95] Angela Mahmoodzada u. Beatrix Zureich, *Medjugorje Kurzbericht*, 1 nakł., wydawca Miriam , 79798 Jestetten, 2010, strona 22.
[96] Mario Vasilj, *MEDJUGORJE APOSTELN DER GOSPA VICKA BEZEUGT*, Zweigstelle der Zentrale Hrvatska in Čitluk (redaktor) 2015, strona 29.
[97] Mario Vasilj, *MEDJUGORJE APOSTELN DER GOSPA VICKA BEZEUGT*, Zweigstelle der Zentrale Hrvatska in Čitluk (redaktor) 2015, strony 66-67.

3. Mirjana Dragicević - Soldo

Mirjana urodziła się w Sarajewie 18 marca 1965 roku. Otrzymała ona wszystkie dziesięć tajemnic. Mirjana jest mężatką i mieszka z rodziną w Medziugorje. Od 25 grudnia 1982 roku Matka Boża objawia się jej zawsze 18 marca. Ponadto słyszy głos Gospy, każdego drugiego dnia miesiąca od 2 sierpnia 1987. Czasami Matka Boża również się jej objawia. Wizjonerka przeżywa te spotkania z Dziewicą Maryją głównie publicznie i na Niebieskim Krzyżu. Comiesięczne wiadomości są publikowane od 2008 roku. [98] Od 18 marca 2020 roku publiczne objawienia, które miały miejsce każdego drugiego dnia miesiąca zostały zaprzestane. [99] Mirjana szczególnie modli się za ludzi, którzy wciąż są dalecy od miłości Boga. [100]

4. Ivan Dragicecvić

Ivan urodził się w Bijakovići 25 maja 1965 roku i zna 9 tajemnic. Mimo że, poślubił on amerykankę w 1994 roku i mieszka z rodziną w USA w mieście Boston, spędza kilka miesięcy w roku w Medziugorju. Nadal ma codzienne objawienia. [101] Szczególnie polecono mu modlić się za młodych ludzi i kapłanów. Prowadzi także grupę

---

[98] Angela Mahmoodzada u. Beatrix Zureich, *Medjugorje Kurzbericht*, 1 nakł., wydawca Miriam, 79798 Jestetten, 2010, strona 25.
[99] Stephen Ryan: „*Visionary Mirjana's apparitions with the Blessed Mother on the 2nd of the month have permanently ended. Will appear to Mirjana once a year on her birthday.*", w MYSTIC POST 18. März 2020, pod: https://mysticpost.com/2020/03/visionary-mirjanas-apparitions-with-the-blessed-mother-on-the-2nd-of-the-month-has-permanently-ended-will-appear-to-mirjana-once-a-year-on-her-birthday/ (dostępne w dniu 2 kwietnia2020).
[100] Angela Mahmoodzada u. Beatrix Zureich, *Medjugorje Kurzbericht*, 1 nakł., wydawca Miriam, 79798 Jestetten, 2010, strona 32.
[101] Angela Mahmoodzada u. Beatrix Zureich, *Mejugorje Kurzbericht,*, 1 nakł., wydawca Miriam, 79798 Jestetten, 2010, strona 23.

modlitewną, która od czasu do czasu spotyka się na Wzgórzu Objawień. [102]

5. Ivan Ivanković

Ponieważ Ivan Ivanković nie ma już żadnych objawień, nie jest on już dostępny publicznie.

6. Milka Pavlovi

To samo dotyczy Milki Pavlović. Też nie jest już dostępna publicznie.

7. Marija Pavlović - Lunetti

Marija urodziła się 1 kwietnia 1965 roku w Bijakovići. [103] Matka Boska przekazała jej 9 tajemnic. Orędzia Matki Bożej były przekazywane przez wizjonerkę, w każdy czwartek do 1987 roku. Od 25 stycznia 1987 roku wizjonerka, przekazuje każdego 25 dnia miesiąca orędzia w świat. Niestety, trudno jest być obecnym przy tych objawieniach, ponieważ Marija woli doświadczać wizji w swoim kompleksie „Magnificat". W 1993 roku wyszła za mąż za włocha i mieszka ze swoimi dziećmi w Monza pod Mediolanem. Poproszono ją o modlitwę za biedne dusze. [104]

---

[102] Angela Mahmoodzada u. Beatrix Zureich, *Mejugorje Kurzbericht,*, 1 nakł., wydawca Miriam , 79798 Jestetten, 2010, strona 23.
[103] Pansion Jasna, 2010, pod: http://pansion-jasna.com/about%20medjugorje.html
(dostępne w dniu 21 kwietnia 2019).
[104] Angela Mahmoodzada u. Beatrix Zureich, *Medjugorje Kurzbericht,* 1 nakł., wydawca Miriam , 79798 Jestetten, 2010, strona 23.

8. Jakov Čolo

Wizjoner urodził się w Sarajewie 6 marca 1971 roku. [105] 12 września 1998 roku otrzymał on 10 tajemnic. Od tego czasu Matka Boża objawia mu się corocznie 25 grudnia. Jakov jest od 1993 roku w związku małżeńskim z włoszką i mieszka z rodziną w Medziugorju. Prowadzi grupę modlitewną dla dzieci i modli się na prośbę Matki Bożej, szczególnie za pielgrzymów i chorych. [106]

O Jakovie Čolo można jeszcze powiedzieć, że:

w czasie objawień miał zaledwie 10 lat, jego matka zmarła, a ojciec pracował za granicą. Matka Boża poprosiła go, aby powiedział ojcu Jozo, że chce odmawiać różaniec. [107] Życzeniem Matki Bożej było również, aby Vicka przerwała naukę szkolną, aby zająć się Jakovem. Vicka zastosowała się do tej instrukcji. [108]

---

[105] Pansion Bell, pod: http://medjugorje-81.com/vidioci/jakov-colo/?lang=en (dostępne w dniu 21 kwietnia 2019).
[106] Angela Mahmoodzada u. Beatrix Zureich, *Medjugorje Kurzbericht,*, 1 nakł., wydawca Miriam, 79798 Jestetten, 2010, strona 24.
[107] Stephen Ryan: „*Medjugorje The Little Boy Who Talks to the Celestial Mother of God Made the Rosary Come to the Church in Medjugorje"* w MYSTIC POST 2 luty 2018, pod: https://mysticpost.com/2018/02/little-boy-talks-celestial-mother-god-made-rosary-come-church-medjugorje/ (dostępne w dniu 21 kwietnia 2019).
[108] Stephen Ryan: „*Medjugorje: The Strange Rosary of 7 Beads that Our Lady Says Helps Free Souls from Purgatory"*, w MYSTIC POST 19 październik 2018, pod: https://mysticpost.com/2018/10/the-strange-rosary-of-7-beads-that-our-lady-says-helps-free-souls-from-purgatory/ (dostępne w dniu 26 marca 2019).

9. Jelena Vasilj - Valente

Jelena Vasilj - Valente słyszy głos Maryi w osobistej percepcji od 1982 roku. [109]

10. Marijana Vasilj - Juricić

Również Marijana Vasilj - twierdzi, że słyszy głos Matki Bożej od 1982 roku. [110]

OPINIA KOŚCIOŁA

Pomimo silnego poparcia papieża Jana Pawła II, Medziugorje nie zostało dotychczas całkowicie uznane przez Watykan. Jan Paweł II na spotkaniu z Mirjaną w Castel Gandolfo powiedział nawet, że „gdybym nie był papieżem, byłbym już dawno w Medziugorju" i „że jest to nadzieja dla całego świata". [111] W 2010 roku Papież Benedykt XVI, kierowany przez kardynała Camillo Ruiniego, założył Kongregację Nauki Wiary. To rozróżniało objawienia lat 80-tych i te ostatnie. Kongregacja Wiary Ruiniego sklasyfikowała pierwsze objawienia jako wiarygodne. [112] 31 maja 2018 roku papież Franciszek mianował arcybiskupa polskiego Henryka Hosera

---

[109] Angela Mahmoodzada u. Beatrix Zureich, *Medjugorje Kurzbericht*, 1 nakł., wydawca Miriam, 79798 Jestetten, 2010, strony 25-27.
[110] Angela Mahmoodzada u. Beatrix Zureich, *Medjugorje Kurzbericht*, 1 nakł., wydawca Miriam, 79798 Jestetten, 2010, strony 25-27.
[111] kath-zdw.ch/forum/index.php?topic=4748.0 opublikowany 2 lutego 2018 r. przez „Fesa", odnoszący się do książki *"Gespräch mit den Sehern"* wydanej przez Tiberias 2009.
[112] ERZDIÖZESE WIEN, Franziskus skeptisch zu neuen Medjugorje-Erscheinungen, w Katholische Kirche Erzdiözese Wien 15 maja 2017, pod: https://www.erzdioezese-wien.at/site/nachrichtenmagazin/schwerpunkt/papstfranziskus/article/57124.html (dostępne w dniu 23 kwietnia 2019).

wizytatorem apostolskim w parafii Medziugorje. Hoser doszedł do takiego samego osądu co Kongregacja Ruiniego. [113] Do czasu wydania ostatecznego wyroku papieskiego Medziugorje pozostaje uznawane za miejsce modlitwy. [114] Katolikom zabrania się kontaktowania z wizjonerami i uczestniczenia w objawieniach Matki Boskiej. [115]

W Watykanie nastąpiła jednak teraz pozytywna zmiana. 13 maja 2019 roku papież Franciszek udzielił błogosławieństwa pielgrzymom z Medziugorja. [116] Trzy miesiące później wysocy urzędnicy Watykanu zostali również wysłani na pierwszy oficjalnie uznany festiwal młodzieżowy w Medziugorje. Uważa się to za dalsze uznanie miejsca publikacji. [117]

JAK DOJECHAĆ DO MEDZIUGORJA?

Najłatwiej jest się tam dostać samolotem. Możliwymi miejscami docelowymi są turystyczne miasta Zadar, Split i Dubrownik. Stamtąd możesz następnie przekroczyć długą

---

[113] Dicasterium pro Communicatione, *Franziskus entsendet Visitator nach Medjugorje* w VATICAN NEWS 2017-2019, pod:
https://www.vaticannews.va/de/papst/news/2018-05/franziskus-entsendet-visitator-medjugorje-hoser.html
(dostępne w dniu 23 kwietnia 2019).
[114] Totus Tuus – Neuevangelisierung e.V., Mit Totus Tuus nach Medjugorje, w Totus Tuus 2005-2018 pod: vangelisierung e.V. http://www.totus-tuus.de/site/medjugorje/mit-totus-tuus-nach-medjugorje/ (dostępne w dniu 23 kwietnia 2019).
[115] Felizitas Küble, *Vatikan untersagt Katholiken Teilnahme an Pro-Medjugorje-Versammlungen in kathnews Rom und die Welt* 20 marca 2015, pod: (dostępne w dniu 23 kwietnia 2019).
[116] Independent.ie: *„Pope finally gives his blessing to Medjugorje pilgrims"* pod: https://www.independent.ie/world-news/europe/pope-finally-gives-his-blessing-to-medjugorje-pilgrims-38104871.html (dostępne w dniu 18 maja 2019).
[117] Jonathan Luxmoore CATHOLIC NEWS SERVICE: *„Vatican confirms Medjugorje approval by joining youth festival"* w CRUX Taking the Catholic Pulse 7 sierpnia 2019, pod: https://cruxnow.com/church-in-europe/2019/08/vatican-confirms-medjugorje-approval-by-joining-youth-festival/ (dostępne w dniu 15 marca 2020).

strefę graniczną samochodem. Istnieje również autobus nocny z Dubrownika. [118] Idealny jest lot do Mostaru (OMO). Lotnisko znajduje się tylko około 20 kilometrów od Medziugorje. [119] Według strony internetowej lotnisko obsługiwane jest przez następujące linie lotnicze: [120]

- ◆ AlMasria Universal Airlines
- ◆ Aeolian Airlines
- ◆ Alitalia
- ◆ Helitt Lineas Aereas
- ◆ Livingston
- ◆ Meridiana
- ◆ Mistral Air
- ◆ Small Planet Airlines
- ◆ Neos
- ◆ Trade Air

Informacje bez gwarancji.

MOŻLIWY KONTAKT Z WIZJONERAMI

Aby połączyć pielgrzymkę ze spotkaniem z wizjonerami, nie trzeba organizować podróży. Możesz uczestniczyć w objawieniu Maryi.
Możliwe jest również skontaktowanie się z wizjonerami za pośrednictwem centrum informacyjnego.
Istnieją także następujące pensjonaty/hotele prowadzone przez wizjonerów (ale nie oznacza to, że na pewno ich tam spotkamy):

---

[118] Rome2rio, pod: https://www.rome2rio.com/map/Munich-Airport-MUC/Medjugorje (dostępne w dniu 23 kwietnia 2019).
[119] https://www.mytrip.com/ (dostępne w dniu 4 maja 2019).
[120] http://mostar-airport.ba/en/ (dostępne w dniu 4 maja 2019).

1. **Pansion DH Dragicević** w Bijakovići, Medjugorje [121]
   Tel: + 387 (0) 36650389
   e-mail: info@travel-medjugorje.com

2. **Pansion Stana** znajduje się zaledwie 50 metrów od kościoła Świętego Jakuba. Został otwarty przez Mirjanę w 2015 roku.
   Ulica Ojca Ivana Pawła II 20, 88266 Medziugorje

   e-mail: pansion@medjugorje-stana.com [122]
   Tel: + 387 36 833 832

3. **Centrum Magnificat** [123]
   Centrum, to kompleks hotelowo - restauracyjny zarządzany przez Mariję Pavlović - Lunetti. W tym centrum, w obecności pielgrzymów, (czasami) odbiera swoje orędzia.
   Ulica Kraljice Mira 106,
   Bijakovići, BiH-88266 Medjugorje,
   Tel: + 387.36.650359, + 387.36.653809-10
   Fax: + 387.36.653811
   e-mail: magnificatcenter2014@gmail.com

---

[121] Whl travel: *Pansion Dragevic w*: Medjugorje Tours and Travel 2016, pod: https://www.travel-medjugorje.com/Pension_Dragicevic (dostępne w dniu 21 kwietnia 2019).
[122] Hotel Stana, pod: http://medjugorje-stana.com/ (dostępne w dniu 21 kwietnia 2019).
[123] Magnificat Center, 2016 - 2017, pod: http://www.magnificat.center/?lang=en (dostępne w dniu 21 kwietnia 2019)

http://www.magnificat.center/?lang=en

4. **Jakov Colos Pansion Bell** [124]
Ilke Baraća 32,
88266 Medjugorje
e-mail: tvukosav@net.hr
Tel: + 387 36 650 141
+ 387 36 651 141 [125]
http://medjugorje-81.com/vidioci/jakov-colo/?lang=e

Ponadto udało mi się znaleźć następujących organizatorów wycieczek, którzy umożliwiają kontakt z wizjonerami:

1. **Dragievi Family House Pilgrimages,** (z Ivanem, jako gospodarzem) organizowane przez 206 Tours Inc. [126]

    333 Marcus Blvd.
    Hauppauge, NY 11788
    Tel: 1-800-206-TOUR (8687)
    e-mail sales@206tours.com
    http://www.pilgrimages.com/medj/

2. **Magnificat Tours** (z Mirjaną jako gospodarzem) [127]

    983 E. Rojo Way Gilbert, AZ 85297
    Tel.: 480.726.8611
    Tel.: 877.333.9290

---

[124] Medjugorje - 81.com: Pansion Bell pod: http://medjugorje-81.com/vidioci/jakov-colo/?lang=en (dostępne w dniu 21 kwietnia 2019).
[125] Medjugorje - 81.com: Pansion Bell pod: http://medjugorje-81.com/vidioci/jakov-colo/?lang=en (dostępne w dniu 21 kwietnia 2019).
[126] http://www.pilgrimages.com/medj/ (dostępne w dniu 4 maja 2019).
[127] http://www.magnificattours.com/medjugorje-tour-dates.php (dostępne w dniu 4 maja 2019).

3. **Mafegeni Viaggi** (spotkanie z Vicką) [128]

Via Bagnolo 14, Tavazzana (LO) Włochy
Tel: 02.39523309 | 02.395233
(Od poniedziałku do piątku: 9:00 - 18:00)
Tel: (numer kierunkowy Włochy: 0039)
327.1493890 (bez przerw)

Uwaga: Pielgrzymi, którzy „tylko" potrzebują opieki duszpasterskiej, mogą skontaktować się z centrum informacyjnym. Centrum pośredniczy w kontakcie z franciszkańskimi mnichami i kapłanami. [129]

ZWIĄZANE Z TEMATEM YOU TUBE VIDEO

1. **Experience Medjugorje and Our Lady's Messages**
   Opublikowane przez: Janet Moore
   Dostępne 9 marca 2018 [130]
2. **Fr. Slavko - why Our Lady says constantly, "pray, pray, pray!"**
   Opublikowane przez: Marytv Medjugorje
   Dostępne 19 marca 2011 [131]
3. **Mary TV Medjugorje** [132]

---

[128] https://www.pellegrinaggisanti.com/club-magellano/ (dostępne w dniu 4 maja 2019).
[129] Medjugorje WebSite: „*Information Centre "Mir" Medjugorje*" w www.medjugorje.hr 10 listopad 2006, pod:
https://www.medjugorje.ws/en/apparitions/docs-information-center-mir-medjugorje/ (dostępne w dniu 4 maja 2019).
[130] https://www.youtube.com/watch?v=QUwVvuPr87Q (dostępne w dniu 4 maja2019).
[131] https://www.youtube.com/watch?v=5IfP_QcSEcg (dostępne w dniu 21 kwietnia 2019).
[132] https://www.youtube.com/results?search_query=mary+tv+medjugorje+live (dostępne w dniu 21 kwietnia 2019).

4. **Sister Emmanuel Maillard** [133]
5. Opublikowane przez: ebaytimr [134]
   Dostępne 21 września 2017
6. **Medjugorje i.e.** [135]
7. **Father Peter Rookey Healing Service Medjugorje May 12 1991**
   Opublikowane przez: ebaytimr[136]
   Dostępne 1 lutego 2015
8. **Statue of Risen Christ in Medjugorje weeping**
   Opublikowane przez: israelsheli
   Dostępne 29 października 2014 [137]
9. **The statue of the "Risen Christ" in Medjugorje - Miraculous water - Healings**
   Opublikowane przez: CroixAcier.fr
   Dostępne 15 czerwca 2017 [138]
10. **Medjugorje - Amazing healing testimony!**
    Fr. Peter Glas, Episode 68, Fruit of Medjugorje
    Opublikowane przez: Mary TV Medjugorje
    Dostępne 22 maja 2013 [139]
11. **The Medjugorje Visionaries - the scientific tests**
    Opublikowane przez: davidtlig
    Dostępne 8 lutego 2016 [140]
12. **Our Lady´s Message of Fasting - Father Slavko Barbarić**

---

[133] https://www.youtube.com/channel/UCveRmNCjId_yX6zkqz9VEbQ (dostępne w dniu 21 kwietnia 2019).
[134] https://www.youtube.com/watch?v=GKg3BOfEB6g (dostępne w dniu 21 kwietnia 2019).
[135] https://www.youtube.com/results?search_query=Medjugorje+i.e. (dostępne w dniu 21 kwietnia 2019).
[136] https://www.youtube.com/watch?v=8M0YIfUDEDs (dostępne w dniu 21 kwietnia 2019).
[137] https://www.youtube.com/watch?v=fLOgYxLYz9A (dostępne w dniu 21 kwietnia 2019).
[138] https://www.youtube.com/watch?v=4_bfNCJTF3Q (dostępne w dniu 21 kwietnia 2019).
[139] https://www.youtube.com/watch?v=Nps5VCb14jg (dostępne w dniu 21 kwietnia 2019).
[140] https://www.youtube.com/watch?v=X4YDn7ccl3g (dostępne w dniu 21 kwietnia 2019).

Medjugorje June 1990
Opublikowane przez: catholicfocus
Dostępne 30 marca 2013 [141]
13. **Objections to Medjugorje**
Opublikowane przez: Our Lady at Medjugorje
Dostępne 25 września 2018 [142]
14. **The Miracle of Medjugorje in english (sic!)**
Opublikowane przez: estohacelperu (Film of „D & J PRODUCTION", © 2005 Copyright, The Miracle of Medjugorje, English version.
Dostępne 8 września 2018 [143]
15. **Some Messages Seem Contrary to the Catholic Faith**
Opublikowane przez: Tekton Ministries
Dostępne 20 września 2019 [144]

Uwaga: wszystkie informacje You Tube są bez gwarancji. Jeśli treść uległa zmianie, nie mogę przyjąć żadnej odpowiedzialności za nią.

TEMATYCZNE DVD

1. **Mary's Land: A jeśli to nie bajka?**
Juan Manuel Cotelo (Regisseur), 2017
2. **The Triumph, 2013**
3. **Apparition Hill, 2017**
Stella Mar Films

---

[141] https://www.youtube.com/watch?v=CfrrPvnG9ho (dostępne w dniu 30 marca 2019).
[142] https://www.youtube.com/watch?v=u3Jo-67tsw4 (dostępne w dniu 30 marca 2019).
[143] https://www.youtube.com/results?search_query=Medjugorje+film (dostępne w dniu 8 lipca 2019).
[144] https://www.youtube.com/watch?v=TArwTPSJ6j0 (dostępne w dniu 4 listopada 2019).

KSIĄŻKI O MEDZIUGORJE

1. **Książki dotyczące orędzi:**

a) *The Messages of Medjugorje,*
The Complete Text, 1981-2014
Medjugorje-Apologia.com
ISBN 978-1-304-86163-4

b) *Maria spricht in Medjugorje:* Sämtliche Botschaften der Gottesmutter
Reimo Verlag (1 December 2002)
ISBN-10: 9783980581073

c) *Przesłania Królowej Pokoju*
Centrum informacyjne „MIR" Medziugorje 2018
ISBN 978-9958-36-161-6

2. **My Heart Will Triumph**
15 sierpnia 2016
Mirjana Soldo (autor), Sean Bloomfield (współwykonawca), Miljenko Musa (współwykonawca)
Wydawca: Catholic Shop
ISBN-10: 0997890606

3. **1000 spotkań z Matką Bożą: rozmowy z wizjonerką Vicką w Medziugorje**
Janko Bubalo
ISBN-10: 3874491757

4. **O poście:**

a) **Uzdrowienie i wyzwolenie poprzez post**
Siostra Emmanuela,

Wydanie trzecie, wydawnictwo Parvis, 1648
Hauteville/Szwajcaria,
styczeń 2013
ISBN 978-3-907525-64-7

b) POSZCZENIE

Ojciec Dr. Slavko Barbarić OFM
Seria książek Medziugorje, tom 1
1991
Drukarnia Misji Św. Gabriela
2340 Mödling, Austria

c) POST
by Father Slavko Barbarić
Informativni centar „MIR" Medjugorje 2018
(originally published in 1988 by Franciscan
University Press, Steubenville, OH, USA),
ISBN: 978-9958-36-002-2

5. **The Ten Secrets of the Blessed Virgin Mary**
Dan Lynch

6. **Medziugorje Kurzbericht**
Angela Mahmoodzada u. Beatrix Zureich,
wydanie pierwsze, wydawnictwo Miriam , 79798
Jestetten, 2010
Niemcy
ISBN: 978-3-87449-367-3

7. **Medziugorje - ein gesegnetes Land**
Armand Girard - Guy Girard - Janko
Bubalo, 1990, Miriam Verlag, 79798 Jestetten,
Niemcy
ISBN: 3-87449-191-9

8. **Droga Krzyżowa**
   Ojciec Slavko Barbarić, O.F.M.
   Informativni centar „MIR" Medjugorje 2017
   ISBN: 978-9958-36-176-0

9. **Daj mi swoje zranione serce, spowiedź: dlaczego i jak?**
   Ojciec Slavko Barbarić
   Centrum informacji „MIR" Medziugorje 2017
   ISBN: 978-9958-36-155-5

10. **Medziugorje, apostołowie Gospa Mirjana zeznają**
    Mario Vasilj, Čitluk – Medziugorie 2015, Ogranak Matice hrvatske u Čitluku
    ISBN: 978-9958-831-607

11. **Dziennik Medziugorje, kampania modlitewna Maryja - Królowa Pokoju**
    kampania modlitewna w Medziugorje,
    skrytka pocztowa 18, 1153 Wiedeń, Austria
    Tel: + 43 1 8939007 (od pn. do pt. 9.00 – 12.00)

MUZYKA O MEDZIUGORJE

1. **Muzyka adoracyjna grupy „Figli del Divino Amore"**
   E-Mail: dim.cielo@yahoo.com
   www.figlideldivinoamore.org

MODLITWY

1. Zdrowaś Maryjo (łac. Ave Maria) [145]

„Zdrowaś Maryjo, łaski pełna, Pan z Tobą, błogosławionaś Ty między niewiastami, i błogosławiony owoc żywota Twojego, Jezus. Święta Maryjo, Matko Boża, módl się za nami grzesznymi teraz i w godzinę śmierci naszej Amen".

2. Ojcze Nasz [146]

„Ojcze nasz, któryś jest w niebie święć się imię Twoje; przyjdź królestwo Twoje; bądź wola Twoja jako w niebie tak i na ziemi; chleba naszego powszedniego daj nam dzisiaj i odpuść nam nasze winy, jako i my odpuszczamy naszym winowajcom i nie wódź nas na pokuszenie, ale nas zbaw ode złego". Amen.

3. Chwała Ojcu (Chwała Trójjedynemu Bogu) [147]

„Chwała Ojcu i Synowi i Duchowi Świętemu, jak to było na początku, teraz i zawsze i na wieki wieków. Amen."

---

[145] Medziugorje, Geschichte, Gebete, Botschaften, Stadtplan, strona 36.
[146] Medziugorje, Geschichte, Gebete, Botschaften, Stadtplan, strona 36.
[147] (Erz-)Bischöfen Deutschlands und Österreichs und dem Bischof von Bozen-Brixen, Gotteslob Katholisches Gebet- und Gesangbuch Ausgabe für die Diözese Würzburg, Katholische Bibelanstalt GmbH, Stuttgart and Echter Publisher and Printing Press C.H. Beck, Nördlingen 2013, Niemcy, strona 35.

4. Skład Apostolski (Wierzę w Boga) [148]

Wierzę w Boga, Ojca wszechmogącego, Stworzyciela nieba i ziemi, i w Jezusa Chrystusa, Syna Jego jedynego, Pana naszego, który się począł z Ducha Świętego, narodził się z Maryi Panny, umęczon pod Ponckim Piłatem, ukrzyżowan, umarł i pogrzebion. Zstąpił do piekieł, trzeciego dnia zmartwychwstał. Wstąpił na niebiosa, siedzi po prawicy Boga Ojca wszechmogącego. Stamtąd przyjdzie sądzić żywych i umarłych. Wierzę w Ducha Świętego, święty Kościół powszechny, świętych obcowanie, grzechów odpuszczenie, ciała zmartwychwstanie, żywot wieczny. Amen.".

5. Różaniec

Zanim przejdę do modlitwy jako takiej, chciałabym krótko wskazać pochodzenie różańca.
Modlitwa różańcowa została przekazana Św. Dominikowi (Tuluza, Francja) w 1214 roku przez Matkę Bożą, w wizji, jako „broń" do nawrócenia grzeszników i albigensów (z sukcesem!) [149]

Chwała Boża wyjaśnia znaczenie i modlitwę różańca w następujący sposób: „Środkiem i celem modlitwy różańcowej jest Jezus Chrystus, Syn Boży. Patrzymy na jego życie z Maryją. Znała Jezusa jak żadna inna osoba; towarzyszyła mu na wszystkich ważnych etapach jego życia - aż do krzyża. Moc zmartwychwstania stała się w nim

---

[148] (Erz-)Bischöfen Deutschlands und Österreichs und dem Bischof von Bozen-Brixen, Gotteslob Katholisches Gebet- und Gesangbuch Ausgabe für die Diözese Würzburg, Katholische Bibelanstalt GmbH, Stuttgart and Echter Publisher and Printing Press C.H. Beck, Nördlingen 2013, Niemcy, strona 36.
[149] theholyrosary.org: „THE HOLY ROSARY" w: theholyrosary.org 2019 pod: http://www.theholyrosary.org/rosaryhistory (dostępne w dniu 20 marca 2019).

widoczna: pochłonęła ją chwała Boża - znak nadziei dla Kościoła i dla wszystkich ludzi.

W zdaniach różańca - zdaniach, które rozszerzają „Zdrowaś Maryjo" - patrzymy na Tajemnice Wiary. Powtarzanie tych samych zdań daje spokój ducha. Paciorki różańca pomagają w modlitwie." [150]

Różaniec składa się z krzyża i 59 perel.

Różaniec zaczyna się znakiem krzyża: w imię Ojca i Syna i Ducha Świętego. Amen.
„Przy krzyżu" modli się Wierzę w Boga i „Chwała Ojcu".
Przy pierwszej perle po krzyżu modli się „Ojcze Nasz".

W przypadku pereł 2 - 4 po krzyżu odmawia się trzy „Zdrowaś Maryjo" z następującymi wstawkami:
1) i błogosławiony jest owoc twojego ciała, Jezusie, który zwiększa w nas wiarę.
2) i błogosławiony jest owoc twojego ciała, Jezusie, który wzmacnia w nas nadzieję.
3) i błogosławiony jest owoc twojego ciała, Jezusie, który rozpala w nas miłość.

Przy 4 perle po krzyżu, ponownie modli się „Ojcze Nasz".[151]

Teraz „podążajcie za każdą z dziesięciu „ Zdrowaś Mario ", wprowadzając tajemnicę (... i błogosławiony jest owoc waszego ciała, Jezusa, którego wy, Dziewico, otrzymaliście od Ducha Świętego). Każde zdanie kończy się „Chwałą Ojcu ..."

---

[150] (Erz-)Bischöfen Deutschlands und Österreichs und dem Bischof von Bozen-Brixen, Gotteslob Katholisches Gebet- und Gesangbuch Ausgabe für die Diözese Würzburg, Katholische Bibelanstalt GmbH, Stuttgart und Echter Verlag und Druckerei C.H. Beck, Nördlingen 2013, Niemcy, strona 38.
[151] (Erz-)Bischöfen Deutschlands und Österreichs und dem Bischof von Bozen-Brixen, Gotteslob Katholisches Gebet- und Gesangbuch Ausgabe für die Diözese Würzburg, Katholische Bibelanstalt GmbH, Stuttgart und Echter Verlag und Druckerei C.H. Beck, Nördlingen 2013, Niemcy, strony 38-39.

Rozważanie następnego sekretu ponownie otwiera „Ojcze Nasz".

Tajemnice różańca - radosne: (pn., sb. ,w Adwencie i w Święta Bożego Narodzenia) [152]

1. Zwiastowanie NMP
2. Nawiedzenie Św. Elżbiety
1. Narodziny Jezusa
2. Ofiarowanie Jezusa w świątyni
3. Odnalezienie Jezusa w świątyni

Tajemnice różańca - światła: (czw.)

1. Chrzest Jezusa w Jordanie
2. Wesele w Kanie Galilejskiej
3. Głoszenie Królestwa Bożego
4. Przemienienie na górze Tabor
5. Ustanowienie Eucharystii

Tajemnice różańca - bolesne: (wt., pt., nd. i w czasie postu)

1. Modlitwa w Ogrójcu

---

[152] Dni modlitwy opierają się na zaleceniu Jana Pawła II. Źródło: Rosary Center. *„HOW TO PRAY THE ROSARY"* w: Rosary Center 2020 pod:
https://www.rosarycenter.org/homepage-2/rosary/how-to-pray-the-rosary/
(dostępne w dniu 23 marca 2020).

2. Biczowanie

3. Ukoronowanie Cierniem

4. Droga Krzyżowa

5. Ukrzyżowanie

Tajemnice różańca - chwalebne (śr., nd., powszechnie)

1 Zmartwychwstanie Jezusa

2. Wniebowstąpienie

3. Zesłanie Ducha Świętego

4. Wniebowzięcie Maryi

5. Ukoronowanie Matki Bożej na Królową Nieba i Ziemi

Tajemnice - pocieszające:

1. Który rządzi jako król

2. Który rządzi i pracuje w swoim kościele

3. Który przyjdzie ponownie w chwale

4. Który będzie sądzić żywych i umarłych

5. Który sprawi, że to wszystko będzie kompletne." [153]

---

[153] (Erz-)Bischöfen Deutschlands und Österreichs und dem Bischof von Bozen-Brixen, Gotteslob Katholisches Gebet- und Gesangbuch Ausgabe für die Diözese Würzburg, Katholische Bibelanstalt GmbH, Stuttgart und Echter Verlag und Druckerei C.H. Beck, Nördlingen 2013, Niemcy, strony 39-40.

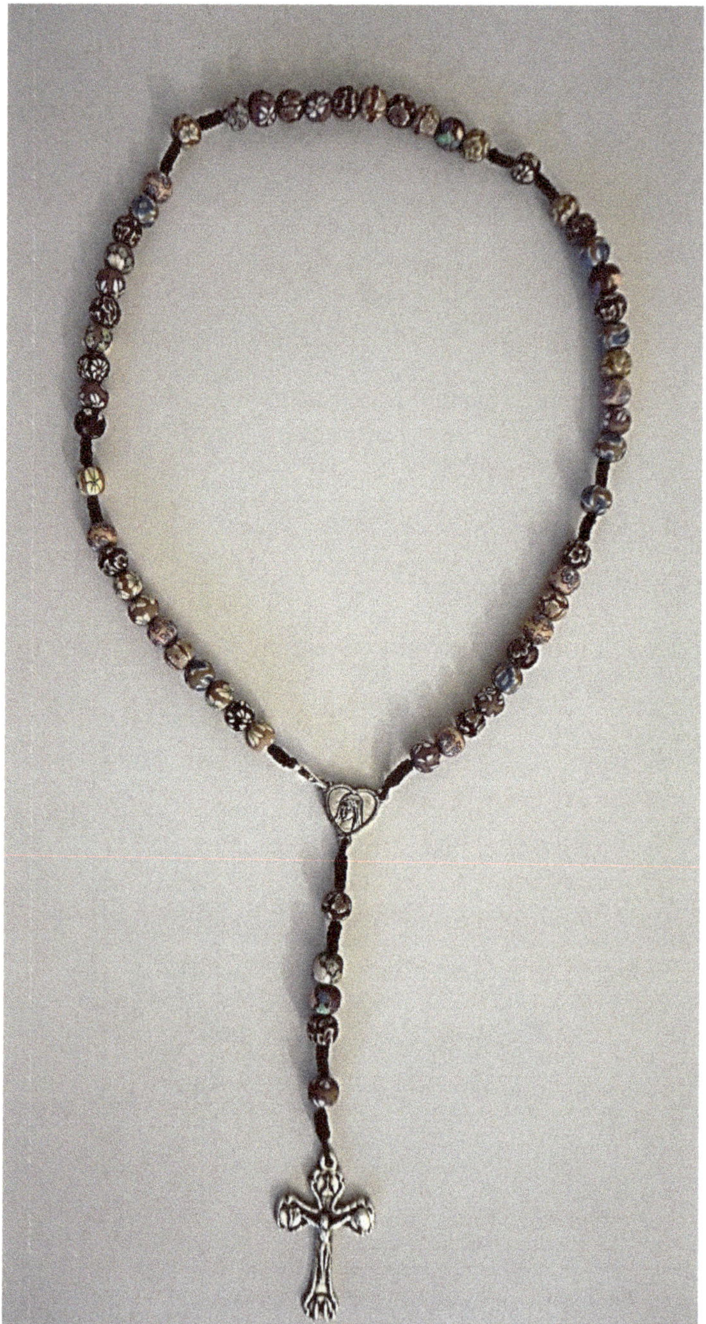

6. O mój Jezu (Modlitwa Fatimy) [154]

„O mój Jezu, przebacz nam nasze grzechy. Zachowaj nas od ognia piekielnego. Zaprowadź wszystkie dusze do nieba i dopomóż szczególnie tym, którzy najbardziej potrzebują Twojego miłosierdzia. Amen." [155]

7. Modlitwa fatimska - przekazana od Anioła Pokoju

"O mój Boże, wierzę w Ciebie, uwielbiam Ciebie, ufam Tobie i kocham Ciebie z całego serca. Proszę Cię o przebaczenie tym, którzy nie wierzą, nie uwielbiają Ciebie, którzy nie ufają Tobie i którzy Cię nie kochają.!" [156] (3x)

8. Koronka do Medziugorje [157]

W Medziugorje sprzedaje się krótszy łańcuch modlitewny niż różaniec. Różaniec ten służy do czczenia ran Jezusa Chrystusa. Uwzględniono rany na jego ramieniu i rany spowodowane przez koronę cierniową. Ten sznur modlitewny wywodzi się ze starej tradycji bośniackiej i hercegowińskiej. Odmawia się 7 Ojcze Nasz, 7 Zdrowaś Mario i 7 Chwała Ojcu.

---

[154] Medziugorie, Geschichte, Gebete, Botschaften, Stadtplan, strona 38.
[155] Modlitwa sięga trzeciego objawienia w Fatimie w 1917 roku. Jest to modlitwa pokutna i modlitwa za zmarłych. Nie zostało to zatwierdzone przez papiestwo. Wikipedia.org, „Modlitwa Fatimy" pod: https://de.wikipedia.org/wiki/Fatima-Gebet (dostępne w dniu 26 marca 2019).
[156] Severo Rossi, *Fátima Ort der Haoffnung und des Friedens*, 5 nakł., CONSOLATA EDITORA PORTUGAL, 10 czerwca 1997, strona 10.
[157] Stephen Ryan: *„Medjugorje: The Strange Rosary of 7 Beads that Our Lady Says Helps Free Souls from Purgatory"*, w MYSTIC POST 19 października 2018, pod: https://mysticpost.com/2018/10/the-strange-rosary-of-7-beads-that-our-lady-says-helps-free-souls-from-purgatory/ (dostępne dniu 26 marca 2019).

W orędziu z 3 lipca 1981 roku Najświętsza Matka, poprosiła wizjonerów, aby wcześniej przed koronką odmówili Wierzę w Boga.

W orędziu z 20 lipca 1982 roku Gospa dodała, że modlitwa ta jest szczególnie przydatna dla biednych dusz w czyśćcu. Matka Boska zaleca również, w Medziugorje odmawianie koronki na końcu Mszy Świętej jako podziękowanie.

9. Koronka do Miłosierdzia Bożego [158]
(odmawiana na zwykłym Różańcu)

„Na początku:

Ojcze Nasz..., Pozdrowienie Anielskie..., Wierzę w Boga

Na dużym paciorku (raz):

Ojcze przedwieczny ofiaruję Ci, Ciało i Krew, Duszę i Bóstwo, najmilszego Syna Twojego, a Pana naszego Jezusa Chrystusa, na przebłaganie za grzechy nasze i całego świata.

Na małych paciorkach (10 razy):

Dla Jego bolesnej Męki miej Miłosierdzie dla nas i całego świata.

Na koniec (3 razy):

Święty Boże, Święty Mocny, Święty Nieśmiertelny, zmiłuj się nad nami i nad całym światem.

---

[158] Seraphim Michalenko, MIC z Vinny Flynn i Robert A. Stackpole, *The Divine Mercy Message and Devotion*, Revised Edition, MARIAN PRESS, Stockbridge MA 01263, U.S.A., 2008, strony 65 - 67. (tłumaczenie na język niemiecki: autorka).

Opcjonalna modlitwa końcowa (3 razy):

Boże wieczny, w którym miłosierdzie jest niewyczerpane, a skarb współczucia nieskończony, spójrz na nas łaskawie i zwiększ w nas swoje miłosierdzie, abyśmy w trudnych chwilach nie rozpaczali, ale poddali się z wielką ufnością Twojej świętej woli, którą jest sama miłość i miłosierdzie. "

10. Modlitwa do Trójcy Świętej i Maryi [159] [160]

„Maryjo, zaprosiłaś nas do poświęcenia się Twojemu Niepokalanemu Sercu. Wiem, że chcesz nas doprowadzić do Boga "[sic!]„ Ponieważ kochasz nas nieskończenie i chcesz, abyśmy byli szczęśliwi.

Dzisiaj chcę odpowiedzieć na Twoje zaproszenie. Tak jak Jezus dał mi siebie na krzyżu, ja również chcę się wam oddać. W Twoich rękach ponawiam obietnicę chrztu i poświęcenia się Twojemu Niepokalanemu Sercu, aby całkowicie należeć do Najświętszej Trójcy. Daję wam moje serce, moją duszę i moje ciało, moje talenty i dary, moją przeszłość, teraźniejszość i przyszłość.

---

[159] *Wspólnota Błogosławieństw,* Regina Pacis House – Skrzynka pocztowa 16, 8826 Medziugorie - Bijakovići, ulotka.
[160] Nie ma specjalnej wzmianki o wstawianiu znaków interpunkcyjnych

Weź mnie w ramiona i pomóż mi kochać Jezusa tak, jak Ty go kochasz! Chcę się od ciebie uczyć, jak słuchać słowa ojca i wypełniać jego wolę.

Tak jak Ty, Maryjo, chcę przyjąć Ducha Świętego do mojego serca.

Wraz z Tobą, Maryjo, chcę nauczyć się kochać wszystkich ludzi, ponieważ wszyscy oni należą do Jezusa. Poświęcam się Wam, aby moja modlitwa była modlitwą w sercu, dzięki której mogę znaleźć pokój, radość i miłość oraz siłę do pojednania się z bliźnimi.

Poświęcam Wam również moją rodzinę, przyjaciół i wszystkich ludzi, szczególnie tych, którzy najbardziej potrzebują pomocy i miłosierdzia bożego.

Tak jak Jezus, chcę żyć u Twego boku każdego dnia. Odtąd wszystko we mnie powinno wychwalać Pana! Niech moje serce raduje się w Bogu, moim Zbawicielu!"

PROGRAM MODLITW [161]

Rano: Msza Święta w różnych językach
Po południu: cicha modlitwa w kaplicy

	1 Wrz – 31 Maj	1 Cze – 31 Sie
Wieczorny program modlitewny i spowiedź	17h - 20h 17h Różaniec, część Radosna i Bolesna 18h Msza Święta z błogosławieństwem przedmiotów, modlitwa o zdrowie, Różaniec część chwalebna	18h - 21h 18h Różaniec, część Radosna i Bolesna 19h Msza Święta z błogosławieństwem przedmiotów, modlitwa o zdrowie, Różaniec część chwalebna
Adoracja Eucharystyczna	wt. i sob. 21h - 22h czw. 19h - 20h	wt. i sob. 22h - 23h czw. 20h - 21h
Kult Krzyża	pt. 19h - 20h	pt. 20h - 21h
Droga Krzyżowa na Kreuzbergu	pt. 14 h	pt. 16h
Różaniec na Wzgórzu Objawienia	nd. 14 h	nd. 16h

Msza Święta w języku angielskim: o godz. 10 rano w dni powszednie, o 12 godz. w niedziele (msze odbywają się

---

[161] Program modlitwy odpowiada broszurze informacyjnej centrum informacyjnego „MIR" Medziugorje.

na przemian w kościele Świętego Jakuba i w sali
Świętego Jana Pawła II).

CELE WYCIECZEK

1. Šurmanci - Jezus Miłosierny

Šurmanci jest około 7,5 km od Medziugorje. Ikona Jezusa Miłosiernego w kościele Šurmanci kryje w sobie następującą historię uzdrowienia: włoski Ugo Festa urodził się w Vicenzy we Włoszech w 1951 r. W młodym wieku zdiagnozowano u niego stwardnienie rozsiane. W wieku 39 lat cierpiał nie tylko na stwardnienie rozsiane, ale także na epilepsję, osłabienie mięśni i deformację kręgosłupa. Po niechętnej pielgrzymce do Lourdes, gdzie nie został uzdrowiony ponownie wrócił do wiary. W 1990 roku Festa, obecnie na wózku inwalidzkim, odbył pielgrzymkę do Rzymu. Tam poznał Św. Matkę Teresę i papieża Jana Pawła II, którzy doradzili mu, aby polegał na Miłosiernym Jezusie i udał się na pielgrzymkę do Kościoła Miłosiernego Jezusa w Trydencie. Festa posłuchał tejże rady. W Trydencie, w ołtarzu bocznym Villa O´Santissima, Villazzano, Festa modlił się przez 3 dni przed naturalnej wielkości ikoną Jezusa Miłosiernego. Czwartego dnia został uzdrowiony przez Jezusa, który wyprowadził go z obrazu słowami: „Wstań i idź!". W tym samym roku poinformował papieża Jana Pawła II o swoim uzdrowieniu. Ugo Festa resztę życia spędził pomagając biednym, chorym i bezdomnym we Włoszech, Indiach i Afryce jako wolontariusz. Zrobił to na rzecz sióstr Matki Teresy. [162] [163]

Jednocześnie szerzył cześć Jezusa Miłosiernego. W 2005 roku Fest miał raka. Nie umarł jednak na raka, ale od dwóch ran postrzałowych zadanych mu przez dwóch nieznajomych podczas jego niebezpiecznej pracy misyjnej. [164]

Na prośbę biskupa Splitu, Mons. Franic, ikona została następnie przyniesiona do Medziugorja podczas procesji przez grupę modlitewną z Trydentu. W Medziugorje ikona początkowo mieściła się w kaplicy kultu. [165]

Ikona jest teraz w kościele Šurmanci. Kościół został zbudowany w 2002 roku. [166]

Uzdrowienie Pana Festa zostało odnotowane i potwierdzone, gdy Siostra Faustyna została kanonizowana. W kościele w Šurmanci znajdują się również relikwie siostry Faustyny [167] i papieża Jana Pawła II. [168]

---

[162] *Medjugorje Council of Ireland, The miraculous healing of Ugo Festa in front of a Divine Mercy Icon. Icon now in Šurmanci, Medjugorje*, 2016 - 2019, pod: https://medjugorjecouncil.ie/miraculous-healing-ugo-festa-front-divine-mercy-icon-icon-now-surmanci-medjugorje/ (dostępne w dniu 17 maja 2019).

[163] www.medjugorjeassisi.it, *MARIA KÖNIGIN DES FRIEDENS; ŠURMANCI*; pod: http://www.medjugorjeassisi.it/surmanci-en.htm (dostępne w dniu 27 maja 2019).

[164] Medjugorje Council of Ireland, *The miraculous healing of Ugo Festa in front of a Divine Mercy Icon. Icon now in Šurmanci, Medjugorje*, 2016 – 2019, pod: https://medjugorjecouncil.ie/miraculous-healing-ugo-festa-front-divine-mercy-icon-icon-now-surmanci-medjugorje/ (dostępne w dniu 17 maja 2019).

[165] www.medjugorjeassisi.it, *MARIA KÖNIGIN DES FRIEDENS; ŠURMANCI*; pod: http://www.medjugorjeassisi.it/surmanci-en.htm (dostępne w dniu 27 maja 2019).

[166] Udruga Međugorje - MIR, Split, HR *„Medjugorje place of prayer and reconciliation, Divine Mercy Sunday in Surmanci"* in medjugorje.hr 1995 - 2019, pod: http://www.medjugorje.hr/de/phanomen- http://www.botschaften-mariens.de/cms/pater-jozo-zovko/medjugorje/erscheinungen/ (dostępne w dniu 17 maja 2019).

[167] www.medjugorjeassisi.it, *MARIA KÖNIGIN DES FRIEDENS; ŠURMANCI*; pod: http://www.medjugorjeassisi.it/surmanci-en.htm (dostępne w dniu 27 maja 2019).

[168] Gloria.tv, 22 kwietnia 2017 pod: https://gloria.tv/reply/b8W87SZEg2Fs6pCjyYf2ER7xB (dostępne w dniu 17 maja 2019).

- Kościół Šurmanci
- Miłosierny Jezus
- Zdjęcie w kościele Šurmanci, autorstwa Ljubo Jovanović

2. Matka Boża z Tihaljina

Miejsce Tihaljina znajduje się około 32 km od Medziugorje. W latach 50- tych mieszkańcy wioski Tihaljina posiadali niskobudżetową figurę Matki Boskiej, która została wykonana we Włoszech dla ich parafii. Ze względu na silną charyzmę posągu wiele osób pielgrzymowało do Matki Bożej Tihaljina (czczona jako „Matka Miłosierdzia"). [169]

Obecnie w Medziugorje można zobaczyć wiele zdjęć tego posągu. Istnieją dwa powody dlaczego.

Z jednej strony wizjonerzy z Medziugorja oświadczyli, że posąg przypomina Gospę z Medziugorja, z drugiej zaś ojciec Jozo został skazany na Tihaljinę po zwolnieniu z więzienia. [170]

Niektórzy pielgrzymi mają również wrażenie, że kiedy modlą się przed posągiem, czują wyraz twarzy i rękę Matki Bożej na ramieniu. [171]

Aby dostać się do Tihaljiny, jedziemy z Medziugorja do Ljubuški (R424 (M6). Z Ljubuški dalej w kierunku Imotskiego, tam skręcasz na R42.

Alternatywnie można wprowadzić do urządzenia nawigacyjnego adres:

---

[169] *„Pater Jozo Zovko"* w www.botschaften-mariens.de, 10 grudnia 2014, pod: http://www.botschaften-mariens.de/cms/pater-jozo-zovko/ (dostępne w dniu 26 marca 2019).
[170] *„Pater Jozo Zovko"* w www.botschaften-mariens.de, 10 grudnia 2014, pod: http://www.botschaften-mariens.de/cms/pater-jozo-zovko/ (dostępne w dniu 26 marca 2019).
[171] Medjugorje Hotel & Spa: „Surroundings of Medjugorje *Natural Wonders And Cultural Attractions",* w: Medjugorje Hotel & Spa 2017, pod: https://www.medjugorjehotelspa.com/en/medjugorje-what-to-see-in-the-surroundings/ (dostępne w dniu 28 marca 2019).

Crkva Bezgrešnog začeća Blažene Djevice Marije, 88348, Bośnia i Hercegowina

(tel.: + 387 39 673-004)

Statua Matki Bożej z Tihaljina

3. Wodospady Koćuša

W drodze do Tihaljiny, po lewej stronie między Vitiną i Klobukiem są wodospady Koćuša.
Przy wodospadach znajduje się również
Restauracja Vodopad Koćuša.
Veljaci bb, Ljubuški 88320, Bośnia i Hercegowina
Tel.: +387 63 789 789 [172]

---

[172] https://www.google.com/search?client=firefox-b-d&q=vodopad+kocusa (dostępne w dniu 8 maja 2019).

> Wodospady Koćuša

> Restauracja Vodopad przy wodospadach Koćuša

4. Humac - muzeum i klasztor Św. Antoniego

Dla zainteresowanych kulturą odpowiedni jest klasztor Św. Antoniego. Klasztor znajduje się poza Ljubuškiem w kierunku Teskera i jest oddalony o około 13,5 km od Medziugorje.

Jest to najstarszy klasztor w całej Bośni i Hercegowinie, w którym mieści się muzeum `Matki´. Można tam podziwiać najstarszy dokument napisany w języku chorwackim, tabliczkę Humac z 1185 roku. [173] Do muzeum można się dostać przez boczne wejście wpuszczone w ziemię.

Kościół Św. Antoniego

Wejście do muzeum Humac

---

[173] Medjugorje Hotel & Spa: *„Surroundings of Medjugorje Natural Wonders And Cultural Attractions"* w: Medjugorje
Hotel & Spa 2017, pod: https://www.medjugorjehotelspa.com/en/medjugorje-what-to-see-in-the-surroundings/ (dostępne w dniu 28 marca 2019).

Oznakowanie Humac muzeum/ klasztor Św. Antoniego

5. Mostar

Mostar znajduje się około 26 km od Medziugorje. Miasto położone jest nad brzegiem Neretwy. Mostar jest znany z XVI - wiecznego mostu Stari Most. Niestety oryginał został zniszczony w latach 90-tych podczas wojny w Bośni. Dziś most wznowiono i podzielił on Mostar na część muzułmańską i chorwacką. Część muzułmańska jest nadal silnym przykładem Imperium Osmańskiego, a jego meczety uczyniły ją światowym dziedzictwem UNESCO. [174] Mostar jest również znany ze skoków ze starego Mostu, które odbywają się co roku w lipcu. [175]

Odbiegając od światowego dziedzictwa kulturowego, w Mostarze znajduje się również centrum handlowe Mepas, na wypadek gdyby podczas podróży czegoś nam zabrakło.

---

[174] Medjugorje Hotel & Spa: „*Surroundings of Medjugorje Natural Wonders And Cultural Attractions*" w: Medjugorje Hotel & Spa 2017, pod: https://www.medjugorjehotelspa.com/en/medjugorje-what-to-see-in-the-surroundings/ (dostępne w dniu 28 marca 2019).
[175] Amel Salihbasić, „Komm, entdecke, erzähle weiter BOSNIEN UND HERZEGOWINA 30 unvergessliche Tage", 3 nakł., Amel Salihbasić (publikacja własna), Wiedeń, Austria 2017, strona 9.

Stari Most most w Mostar

6. Blagaj Tekke (klasztor Derwiszów)

Tekke znajduje się około 28 km od Medziugorje. Jest położone w regionie lotniska Mostar. Jest tam wodospad, który wpada do rzeki Buna z wysokości 200 metrów. Ruiny wioski Herceg Stjepan można zobaczyć nad wodospadem. Pod nim natomiast, znajduje się klasztor Derwiszów Tekija z 1660 roku. [176]

---

[176] Medjugorje Hotel & Spa: „*Surroundings of Medjugorje Natural Wonders And Cultural Attractions*" w: MedjugorjeHotel & Spa 2017, pod: https://www.medjugorjehotelspa.com/en/medjugorje-what-to-see-in-the-surroundings/ (dostępne w dniu 28 marca 2019).

Blagaj Tekke

Zasady postępowania na Tekke

7. **Wodospady Kravice**

Około 20 km od Medziugorje znajdują się wyjątkowe wodospady Kravice. Jeśli, jest ciepło można się tam wykąpać.

Wodo-spady Kravice

8. Pocitelj

Miasto Pocitelj jest własnością światowego dziedzictwa UNESCO, położone około 18 km od Medziugorje. [177]

Pocitelj zostało założone przez bośniackiego króla Tvrtko w 1383 roku. Styl miasta na początku był śródziemnomorski, został on jednak zmieniony na orientalny po inwazji turków. Miasto znane jest z rękodzieła.

---

[177] Medjugorje Hotel & Spa: *„Surroundings of Medjugorje Natural Wonders And Cultural Attractions"* w: Medjugorje Hotel & Spa 2017, pod: https://www.medjugorjehotelspa.com/en/medjugorje-what-to-see-in-the-surroundings/ (dostępne w dniu 28 marca 2019).

Potilej

9. Rezerwat przyrody Hutovo Blato

Jest to bardzo piękny obszar bagienny, w którym żyje wiele gatunków ptaków i roślin. To bagno może być również jednym z zimowisk dla ptaków z Europy. [178] Rezerwat znajduje się około 30 km od Medziugorje.

Hutovo Blato jest doskonałym miejscem na relaks i piesze wędrówki. Znajduje się tutaj również 3 - gwiazdkowy hotel „Hotel Park". [179]

---

[178] Medjugorje Hotel & Spa: *„Surroundings of Medjugorje Natural Wonders And Cultural Attractions"* w: Medjugorje Hotel & Spa 2017, pod: https://www.medjugorjehotelspa.com/en/medjugorje-what-to-see-in-the-surroundings/ (dostępne w dniu 28 marca).
[179] Kontakt:
Hotel Park, Makart Hoteli d.o.o.
Karaotok bb
Hutovo blato
88300 Čapljina
BiH
Tel.: +387 36 814 990, Mobiltel.: +387 63 999 706, E-Mail: park@makarthoteli.com,
Quelle: Makart Hoteli d.o.o. Design and Programming: *„Morgojelo Hotel *****
" w Morgojelohotel.com 2008 pod:
http://hotelmogorjelo.com/en/about_hotel/karaotok/ (dostępne w dniu 28 marca 2019).

Uwaga: informacje zawarte w hotelu mówią, że jest to hotel trzygwiazdkowy, strona internetowa zawiera jednak cztery gwiazdki. Również ceny na stronie różnią się od cen w hotelu. [180]

---

[180]

Hutovo Blato

Mapa Hutovo Blato

Hotel Park, Hutovo Blato

10. Prehistoryczne nagrobki i wieś Paoča

W okolicy Medziugorja można odwiedzić wiele prehistorycznych nagrobków i grobowców z XII wieku. Nagrobki pochodzą przede wszystkim z czasów okupacji tureckiej. Główne miejsca gdzie znajdują się, to: Medziugorje, Vionica i Ljubuski. [181] [182] W pobliżu Stolacu na równinie Vidovo polje można zobaczyć nawet 133 takich nagrobków z XV i XVI wieku. [183] [184] We wsi Paoča można nie tylko podziwiać nagrobki, ale także odwiedzić ważne dla regionu miejsce pracy franciszkańskiego mnicha, ojca Didaka Bunti.[185]

11. Jaskinia Vjetrenica

W kierunku Dubrownika, w odległości około 75 km od Medziugorja znajduje się Jaskinia Vjetrenica, która rozciąga się na długości ponad 6 km. [186]

---

[181] Franjo Sušac (tekst i zdjęcia), Conect Mostar (i Design), *Medjugorje MONOGRAFIA PER I PELLEGRINI, Grafotisak*, Grude 2014, strona 6.
[182] arheoportal:„Hercegovački arheološki portal" w: Portale Archaeologicum Herzegoviae 18 września 2016, pod:
https://arheohercegovina.com/2016/09/18/humski-bilizi-i-unesco/ (dostępne w dniu 16 września 2019).
[183] Franjo Sušac (tekst i zdjęcia), Conect Mostar (i Design), *Medjugorje MONOGRAFIA PER I PELLEGRINI*, Grafotisak, Grude 2014, strona 70.
[184] Komisija/Povjerenstvo za očuvanje nacionalnih spomenika - Комисија за очување националних споменика: „Standing Tombstones – UNESCO" 27 kwietnia 2016, pod:
https://www.youtube.com/watch?v=mOTv9M6TxVU (dostępne w dniu 16 września 2019).
[185] Franjo Sušac (tekst i zdjęcia), Conect Mostar (i Design), *Medjugorje* MONOGRAFIA PER I PELLEGRINI, Grafotisak, Grude 2014, strona 11.
[186] Medjugorje Hotel & Spa: „*Surroundings of Medjugorje Natural Wonders And Cultural Attractions*" w: Medjugorje Hotel & Spa 2017, pod:
https://www.medjugorjehotelspa.com/en/medjugorje-what-to-see-in-the-surroundings/ (dostępne w dniu 28 marca 2019).

12. Bunkier Titos w Konij [187]

Ten bunkier, w który zainwestowano 4,6 miliarda dolarów, był ściśle tajny. Dzisiaj jest otwarty dla turystów. Znajduje się poniżej góry Zlatar na głębokości 280 metrów. Bunkier składa się ze 100 pokoi i może ochronić około 350 osób przez okres 6 miesięcy. Więcej informacji można znaleźć na stronie internetowej: http://www.visitkonjic.com (dostępne w dniu 1 lipca 2019 roku)

13. River - Rafting na rzece Neretwa

Dla miłośników wody rzeka Neretwa oferuje latem 18 km trasy spływu rzecznego. Zimą dystans ten skraca się do 7 km. [188] Trasa spływu jest zazwyczaj z Glavatičevo do Džajići. Wycieczka trwa zwykle 5 godzin. [189]
Jeśli jesteś zainteresowany, powinieneś skontaktować się z klubem raftingowym w Konjic. [190] Więcej informacji można również znaleźć na stronie internetowej:
http://www.visitkonjic.com (dostępne w dniu 1 lipca 2019 roku)

---

[187] Marko Plesnšnik, *Bosnien und Herzegowina*, 6 Nakł., wydawnictwo Trescher, 10117 Berlin 2017, strona 259.
[188] Medjugorje Hotel & Spa: *„Surroundings of Medjugorje Natural Wonders And Cultural Attractions"* w: Medjugorje Hotel & Spa 2017, pod: https://www.medjugorjehotelspa.com/en/medjugorje-what-to-see-in-the-surroundings/ (dostępne w dniu 28 marca 2019).
[189] Amel Salihbasić, „Komm, entdecke, erzähle weiter BOSNIEN UND HERZEGOWINA 30 unvergessliche Tage", 3 nakł., Amel Salihbasić (publikacja własna), Wiedeń, Austria 2017, strona 9.
[190] Amel Salihbasić, „Komm, entdecke, erzähle weiter BOSNIEN UND HERZEGOWINA 30 unvergessliche Tage", 3 nakł., Amel Salihbasić (publikacja własna), Wiedeń, Austria 2017, strona 9.

WARTO WIEDZIEĆ

1.   Biuro parafialne kościoła Św. Jakuba

Gospin trg 1, 88266 Medziugorje, Bośnia i Herzegowina
Tel: +387-36-653-300 / Fax: + 387 36-653-360
e-mail: ured@medjugorje.hr

2.   Centrum informacji „MIR"

Centrum informacyjne znajduje się z boku kościoła Św. Jakuba
Godziny otwarcia:
Dni powszednie: 8:00 - 18:00
Niedziele: 9:00 - 14:00
Tel: +387-36-651-999
e-mail: seminar.marija@medjugorje.hr

3.   Informacja turystyczna

Tel: + 387-36-653-316
e-mail: informacije@medjugorje.hr

4.   Radiowe tłumaczenie Mszy Świętych:

Msze Święte w kościele Św. Jakuba odprawiane są synchronicznie w różnych językach. Aby skorzystać z tłumaczenia, potrzebujesz małego radia ze słuchawkami lub smartfona. Radia można wypożyczyć lub kupić w „głównych" godzinach pielgrzymek w kiosku, który znajduje się obok sali Jana Pawła II. Wiele sklepów z pamiątkami oferuje także radia na sprzedaż. Każdy język ma swoją własną częstotliwość radiową. Częstotliwość podana jest w broszurze informacyjnej centrum.

Kiosk

5. **Radio „MIR" Medziugorje**

Tel: +387-36-653-580 /Fax: + 387-36-653-552
e-mail: radio-mir@medjugorje.hr

6. **Sklepy z książkami „MIR"**

Istnieją dwa sklepy z książkami / pamiątkami „MIR". Jeden z nich znajduje się tuż obok centrum informacyjnego. Drugi jest trochę przesunięty od centrum informacyjnego w kierunku kościoła.

Uwaga: Jeśli jest niewielu klientów, sklepy mogą zostać zamknięte przed oficjalną godziną zamknięcia.

7. **Księgarnia „Les Editions Sakramento"**

Księgarnia, która jest głównie francuskojęzyczna, znajduje się niedaleko Ogrodu Świętego Franciszka.
webseite: https://sakramento.com/ (dostępne w dniu 1 lipca 2019 roku).

8. Księgarnia niemiecko - chrześcijańska „Tiberias"

W księgarni Tiberias mówi się po niemiecku. Księgarnia posiada szeroki asortyment produktów, a także prowadzi sklep internetowy.

Niemiecko - chrześcijańska księgarnia TIBERIAS
Robert Teisler
Skrzynka pocztowa 23,
Medziugorje, 88266,
Bośnia i Hercegowina

E-Mail: tiberias.medjugorje@gmail.com
Tel.: 00387 – (0) 36655007
Fax: 00387 – (0) 36655007
http://www.tiberiasmedjugorje.com [191]

---

[191] TIBERIAS pod: http://tiberiasmedjugorje.com/index.php/de-DE/kontakt (dostępne w dniu 20 maja 2019).

Księgarnia Tiberias

9. Międzynarodowy sklep z książkami, pamiątkami „Devotions"

Międzynarodowy sklep z książkami i pamiątkami jest bardzo dobrze zaopatrzony i można znaleźć tutaj rzadkie książki. Księgarnia znajduje się na ulicy papieża Ivana II, po prawej stronie, od kościoła Św. Jakuba, w kierunku głównej poczty. Odpowiednim adresem jest adres pensjonatu, a nie księgarni:
Devotions d.o.o.
Kristine 26,
88266 Medziugorje
Bośnia i Herzegowina
Tel./Fax: ++387 (36) 651 -497
devotions@tel.net.ba
www.medjugorje-devotions.com

10. Pomoc medyczna

W bezpośrednim sąsiedztwie kościoła Św. Jakuba, znajduje się maltański punkt pierwszej pomocy. Niestety ta stacja jest NIECZYNNA od 31 października do 14 stycznia.

W nagłych wypadkach wybieramy numer 124
lub alternatywnie numer pierwszej pomocy w Čitluk:
+ 387 (0) 36641040

Po prawej maltański punkt pierwszej pomocy

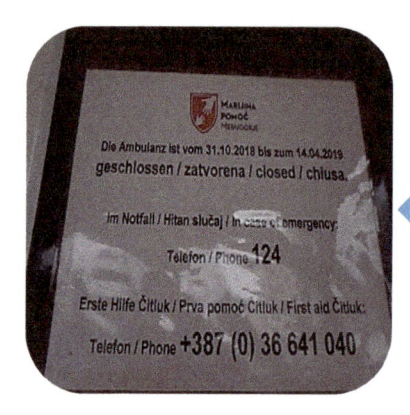

Numery alarmowe

11. Apteki (Ljekarna)

W centrum Medziugorja znajdują się dwie dobrze zaopatrzone apteki.

1. **Apteka Biopharm**
   Pape Ivan II
   Međugorje 88260,
   Tel .: +387 36 651-841

2. **Apteka Lubina**
   Franjevačkih mučenika 61,
   Međugorje 88260,
   Tel .: +387 36 805-148

Apteka Bio-pharm

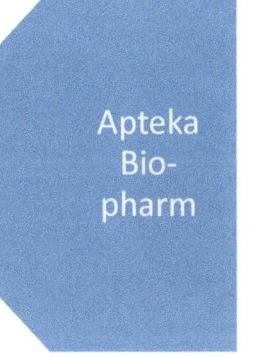

Apteka Lubina

12. Stacje autobusowe

Przystanek autobusów dalekobieżnych znajduje się przy ulicy Dr. Franje Tuđmana, obok głównego urzędu pocztowego. Stamtąd
jadą również autobusy do Sarajewa i Zagrzebia.
(Tel .: +387 651 393)

Stacja autobusowa Medziugorje

13. Taxi

Postój taksówek znajduje się przed kościołem Św. Jakuba, przy ulicy papieża Iwana Pawła II. Umiejętności językowe taksówkarzy są bardzo ograniczone. Kierowcy również bardzo się śpieszą. Ja zostałam bardzo dobrze potraktowana. Niestety ponieważ nie znam osobiście Derwisch Tekke, chciano mi przedstawić kościół jako klasztor. Warto również określić długość pobytu w miejscu docelowym przed wyjazdem. Jeśli nie zrobimy tego mogą pojawić się dopłaty i niespójności.

Ceny Taxi:

Cijene TAXI usluga

	ONE DIRECTION	TWO DIRECTIONS
Loko vožnja	5,0 €	
Dubrovnik	130,0 €	200,0 €
Split	130,0 €	200,0 €
Sarajevo	130,0 €	200,0 €
Makarska	70,0 €	120,0 €
Tihaljina	40,0 €	60,0 €
Šurmanci	15,0 €	30,0 €
Kravica	20,0 €	40,0 €
Mostar	40,0 €	60,0 €
Etno selo Herceg	10,0 €	

14. Wycieczki zorganizowane

a) Pax Travel

Agencja ma swoją siedzibę w Medziugorje Hotel & Spa i oferuje zorganizowane wycieczki.

Pax Travel: [192]
Ulica fra Slavka Bararića 29,
Medziugorje (BiH)
Tel: + 387 036 640 456
e-mail:
info@pax-travel.com
booking@pax-travel.com
Web: www.pax-travel.com
Skype:
pax.travel1
Whatsapp:
+387 63 451 521

b) Nicola Travel d. o. o.

Surmanci Medjugorje
Tel.: 00387 63 359 104
Nicola.surmanci90@gmail.com

15. Zakupy (shopping)

W drodze do Čitluk, w kompleksie hotelowym Herceg, jest apteka **„dm"**.
W samym Čitluk znajduje się dobrze zaopatrzone, mniejsze centrum handlowe z kawiarnią, fryzjerem i stacją benzynową **„Konzum"**.
Bezpośrednio w hotelu Herceg Etno Selo znajduje się kolejne centrum handlowe z kawiarnią i placem zabaw **„Park & Shop"**.

---

[192] Pax travel Medjugorje, broszura informacyjna.

Kawiarnia w Konzum

Park & Shop

16. Poczta

W Medziugorje są dwa urzędy pocztowe.
Główna poczta znajduje się w Dr. med. Franje Tuđman.
Jeśli mapa miasta w centrum informacyjnym jest wyprzedana, możesz także ją uzyskać w tym miejscu.
Jeśli chodzi o usługę, to kwestia szczęścia. Niektórzy pracownicy są zmotywowani, inni mniej. Zdarza się również, że na pół godziny przed zamknięciem, niektórzy pracownicy nie są już dostępni dla klientów.

Druga poczta znajduje się tuż obok księgarni „MIR". W soboty oddział jest czynny do godziny 15:00, ale bardziej złożone wysyłki nie są tam przyjmowane.
Niestety miodu, alkoholu i jedzenia nie można wysyłać pocztą.
(Tel .: +387 651 990)

Poczta główna

Oddział poczty przy centrum informacji „MIR"

17. Miejsce parkingowe

Z tyłu kościoła Św. Jakuba znajduje się duży parking żwirowy. Aby tam zaparkować w dni wyjątkowych uroczystości, powinieneś być tam odpowiednio wcześniej. Niestety parking nie jest oświetlony w nocy.

Parking żwirowy

18. Cud słońca (uwaga !!!)

Chociaż w Medziugorje mają mieć miejsce prawdziwe cuda słońca, proszę zwrócić szczególną uwagę na swoje oczy. Chociaż prawdziwy cud słońca nie powinien uszkodzić twoich oczu, mogą istnieć zjawiska, które tylko przypominają cud słońca. Co więcej, w Bośni i Hercegowinie słońce świeci bardzo mocno. Niezabezpieczone widzenie w słońcu może spowodować trwałe uszkodzenia np. retinopatię słoneczną lub nawet ślepotę. Aby jak najlepiej chronić swoje oczy, przed rozpoczęciem podróży, możesz skonsultować się z okulistą.

19. Restauracje

W Medziugorje jest wiele dobrych restauracji. Jeśli mamy ochotę spróbować czegoś nowego, powinniśmy się udać do restauracji „Ventum", która znajduje się niedaleko centrum handlowego Park & Ride,

Restauracja Ventum

20. Posty

Jeśli chcesz pościć o chlebie i wodzie, kupisz chleb prawie w każdym supermarkecie. Chleb lepszej jakości można kupić w piekarni (Pekarna). Przed rozpoczęciem postu należy jednak, zasięgnąć porady lekarskiej, aby nie dopuścić do powstawania braków w naszym organizmie.

Piekarnia

21. Spowiedź w języku ojczystym

Może chodzisz do spowiedzi regularnie, ale może jest jednak inaczej. Wielu ludzi mówi: „Ah, Bóg wie, że jest mi przykro!". Miesięczna spowiedź jest teraz sprawą, która niepokoi Matkę Bożą. Zastanówcie się, czy może mimo wszystko pójść do spowiedzi. Powiedziałabym, że może to mieć nieoczekiwanie pozytywny wpływ na wasze przeżycia pielgrzymkowe. Kapłani i bracia franciszkanie odpowiedzialni za spowiedź robią to, z niesamowitym, niestrudzonym zaangażowaniem. Przy szczególnych okazjach może się nawet zdarzyć, że spowiedź będzie możliwa do godziny 1:00 w nocy. Niestety, nie zawsze od razu znajdzie się okazję do spowiedzi w swoim ojczystym języku. Moja reda: zapytaj o to mnichów. Większość z nich posługuje się dodatkowymi językami. Wyznawców mnichów znajdziemy po tej samej stronie co park świec. W razie wątpliwości centrum informacji turystycznej może również prowadzić mediację. Jeśli zapomniałeś/aś, jak się spowiadać, kapłan z radością przeprowadzi Cię przez spowiedź.

22. Darowizny

Parafia Medziugorje nie prosi publicznie o datki. Niemniej jednak, z pewnością ucieszy się z darowizny, która może być przekazana w biurze parafialnym.

23. Zameldowanie grupy pielgrzymkowej

Każda grupa pielgrzymów musi zarejestrować się w centrum informacyjnym.

24. Hotele

Medziugorje posiada hotele na każdą kieszeń i gust. Wśród pensjonatów znajdują się Villa Gaga i Pansion Becun.
Hotele 3-gwiazdkowe to między innymi: Hotel Speranza (naprzeciwko Apparition Hill), Hotel Barbarić i Hotel Ivona.
4-gwiazdkowy Hotel & Spa Medziugorje jest komfortowy, ale prosty.
Inne 4-gwiazdkowe hotele to: Hotel Leone, Hotel Luna, Hotel Wojtyła, Hotel Klemo, Hotel Herceg i Aparthotel Irish House.

Hotel Speranza

Hotel Barbarić

Medziu-
gorje
Hotel &
Spa

Hotel
Leone

Hotel Luna

Hotel Wojtyła

Hotel Klemo

Hotel Herceg

Irish House

25. Społeczność

Na koniec chciałabym prosić, aby nie zniechęcać się z powodu dużej ilości sklepów z pamiątkami. Nie powinniśmy też zakładać, że każdy pielgrzym będzie od razu aniołem o doskonałych manierach. Chociaż zdecydowana większość ludzi stara się być niezwykle ludzka, pomocna i cierpliwa. Poza tym, nie powinieneś/aś przejmować się postawą duchownego. Wszyscy jesteśmy tylko ludźmi. Uderzający jest sposób bycia włoskich pielgrzymów i wynikająca z niego preferencja dla języka włoskiego. Niektórym ludziom może się to wydać dziwne, ale spójrzmy prawdzie w oczy jest to zrozumiałe, kiedy większość twoich gości to włosi. Jeśli ktoś chce częściej słyszeć własny język, być może powinien wziąć przykład z Włochów i zadbać o to, by więcej rodaków poszło za zaproszeniem Maryi i udało się na pielgrzymkę do Medziugorje. Nie przeszkadzajcie sobie w tym, co ziemskie, ale podążajcie za wezwaniem Matki Bożej i z jej pomocą, szukajcie dostępu do naszego Pana Jezusa Chrystusa.

26. Położenie

114

1. Kościół Św. Jakuba
2. Ołtarz zewnętrzny
3. Kaplica kultu
4. Konfesjonał
5. Statua Królowej Pokoju
6. Sala Świętego Jana Pawła II
7. Statua Zmartwychwstałego Jezusa - Droga Krzyżowa
8. Tajemnice różańca - część świetlista (światła)
9. Krucyfiks - miejsce modlitwy - świece wotywne
10. Statua Św. Leopolda Mandicia
11. Urząd parafialny
12. Biuro informacyjne
13. Sklep z pamiątkami
14. Poczta / telefon
15. Salon na świeżym powietrzu
16. Toalety
17. Stacja pierwszej pomocy
18. Radio "Mir" Medziugorje
19. Parking
20. Cmentarz Kovaica

27. Plan miejscowości

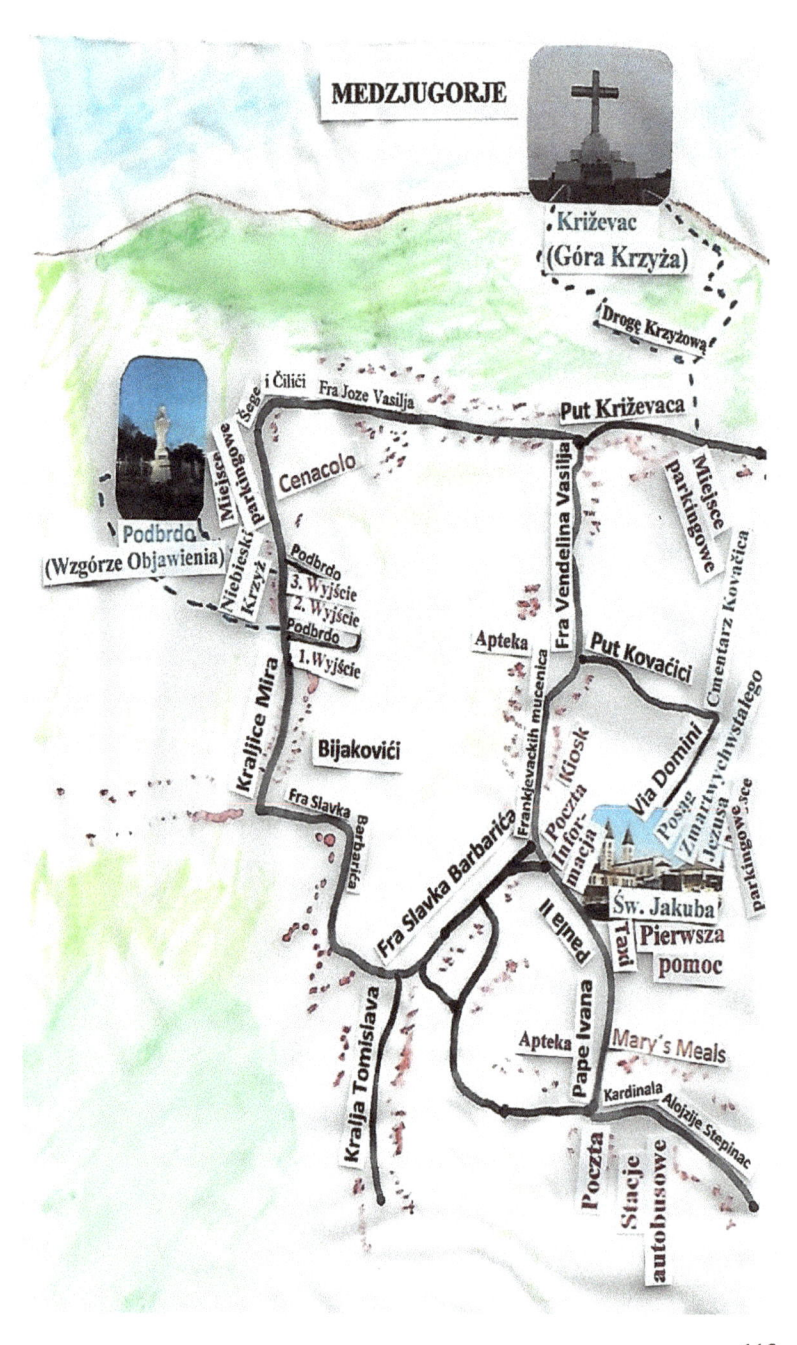

117